K. A. Muffat

Geschichte der bayerischen und pfälzischen Kur

Seit Mitte des dreizehnten Jahrhunderts

K. A. Muffat

Geschichte der bayerischen und pfälzischen Kur
Seit Mitte des dreizehnten Jahrhunderts

ISBN/EAN: 9783743374263

Hergestellt in Europa, USA, Kanada, Australien, Japan

Cover: Foto ©ninafisch / pixelio.de

Manufactured and distributed by brebook publishing software (www.brebook.com)

K. A. Muffat

Geschichte der bayerischen und pfälzischen Kur

Geschichte

der

bayrischen und pfälzischen Kur

seit der Mitte des dreizehnten Jahrhunderts.

Von

K. A. Muffat
k. Reichsarchivs-Rathe.

Aus den Abhandlungen der k. bayer. Akademie der W. III. Cl. XI Bd. II. Abth.

München 1871.
Verlag der k. Akademie,
in Commission bei G. Franz.

Geschichte
der
bayrischen und pfälzischen Kur
seit der Mitte des dreizehnten Jahrhunderts.

Von

K. A. Muffat.

I.

Mit Herzog Otto's des Erlauchten Tode († 29. Nov. 1253) waren in dem Hause Wittelsbach, seitdem es zur herzoglichen Würde in Bayern (1180) und zu der Pfalzgrafschaft am Rhein (1214) gelangt, zum ersten Male zwei Söhne, Ludwig und Heinrich, als Erben vorhanden.

Bei dem Herkommen in ihrem Hause, die Söhne mit Gütern und Mannschaften zu eigner Verwaltung auszustatten, und bei der damals schon feststehenden Anschauung der patrimoniellen Eigenschaft des väterlichen Besitzes trafen auch Ludwig und Heinrich im Jahre 1255 eine Abtheilung der nutzbaren Rechte und Besitzungen, wobei auf Ludwig die Rheinpfalz und ein südwestlicher Theil von Bayern, auf Heinrich aber der östliche Theil von Bayern fiel.

Damit, dass sie die fürstlichen Titel und Würden in Gemeinschaft behielten, glaubten die Brüder, den Reichsgesetzen, welche die Theilungen der Fürstenämter verboten, volles Genüge geleistet zu haben.

Von einer besondern Reglung ihrer staatsrechtlichen Stellung, und namentlich, wie es in Hinsicht der deutschen Königswahl, zu der sie wegen beider Fürstenthümer berechtigt waren, zwischen ihnen gehalten werden solle, scheint kaum die Rede gewesen zu sein.

Wie sich aber aus dem ganzen Auftreten Ludwigs herausstellt, hielt er, als der Erstgeborne sich für den eigentlichen Reichsfürsten und in den Reichsangelegenheiten für den wahren Vertreter beider Fürstenthümer und der damit verbundenen Wahlrechte, während Heinrich als der Besitzer des grössern Theiles von Bayern, insbesondere der herzoglichen Rechte in Regensburg, auf die bayrische Stimme Anspruch machte.

Erst als ihm Ludwig nicht einmal den Antheil an der bayrischen Kur gönnte, trat zu ihren ununterbrochenen Territorialstreitigkeiten auch der Zwist über die „Fürstenämter", welcher seiner Veranlassung nach nur der um die Kurbetheiligung von Seite Heinrichs ist.

II.

Die erste Gelegenheit das Wahlrecht auszuüben bot sich für die beiden Brüder dar, als mit König Wilhelms Tode († 28. Januar 1256) das Reich erledigt wurde.

Während die rheinischen Städte auf einem Tage zu Mainz sich dahin einigten (26. Mai 1256) bei einer zwiespältigen Wahl keinen der Gewählten anzuerkennen, dem einmüthig Gewählten aber insgesammt anhängen zu wollen, und deshalb durch eine feierliche Gesandtschaft die wahlberechtigten Fürsten baten, sich auf Einen Bewerber zu einigen, gingen diese in ihren Ansichten auseinander.

Eine Parthei, und zwar von den Kurfürsten, bestehend aus dem Herzoge Albert von Sachsen und den Markgrafen Johann und Otto von Brandenburg, welchen sich Herzog Albert von Braunschweig anschloss, einigte sich am 5. August zu Wolmirstätt in Sachsen auf die Wahl des Markgrafen Otto von Brandenburg.

Diesem standen aber zwei fremde Bewerber gegenüber: Alfons X. König von Castilien und Graf Richard von Cornwallis, Bruder König Heinrichs III. von England.

Letzterer hatte schon am 12. Juni 1256 bei den deutschen Fürsten den Grafen von Glocester und Robert Walerand beglaubigt, welche bei ihrer Rückkunft wenigstens die Aussicht auf ein Gelingen von Heinrichs Absicht mitgebracht zu haben scheinen; und so finden wir denn noch im November desselben Jahrs bei Herzog Ludwig zu Fürstenberg[1]) den erstgebornen Sohn der Gräfin Margaretha von Flandern Johann von Avesnes.

Das Resultat[2]) seiner mit dem Herzoge gepflogenen Unterhandlungen war, dass Ludwig sich verpflichtete, mit einer Tochter des Bruders des englischen Königs oder mit einer Tochter der Schwester desselben sich zu verehlichen, und derselben als Heimsteuer alle seine Güter von der Nahe[3]) abwärts zu verschreiben. (Fürstenberg am 25. Nov. 1256.)[4])

In einem besondern Instrumente versprach er eidlich, diese Ehe innerhalb nächster Pfingsten [also vor 27. Mai 1257] zu vollziehen[5]).

Weiter gelobte Ludwig Tags darauf durch körperlichen Eid auf dem von ihm und seinen Mitfürsten angesetzten Tage den Grafen Richard von Cornwallis, Bruder des Königs von England, zum Könige von Deutschland und des römischen Reiches zu wählen, und der Wahl anzuwohnen, um sein Versprechen persönlich zu erfüllen. (26. Nov. 1256.)[6])

Johann von Avesnes entgegen verbürgte sich aus Auftrag des erlauchten Fürsten seines Herren Richard Grafen von Cornwallis, Bruders des Königs von England, eine Tochter des Bruders desselben oder wenn eine solche nicht vorhanden wäre, eine Tochter der Schwester des Königs dem erlauchten Fürsten, Ludwig Herzog von Bayern und Pfalzgrafen mit 12,000 Mark Sterlingen, zwölf Schillinge auf die Mark gerechnet, zur Gattin zu geben, an welcher Summe er demselben 4000 Mark binnen 3 Wochen nach nächstem Weihnachtfeste [bis 14. Januar 1257] durch Anweisung in Fürstenberg oder Wolfsberg[7]) zu bezahlen, den Rest mit 8000 Mark an dem Wahltage, wenn dieser innerhalb nächste Ostern [also vor 8. April 1257] stattfindet, anzuweisen verhiess; fände aber

---

1) Am Rheine, oberhalb Bacharach.
2) Es ist uns jetzt dasselbe aus dem Abdruck der Verhandlungen in dem fünften Bande der Quellen und Erörterungen zur deutschen und bayrischen Geschichte S. 157 ff. Nr. 63. 64. 65. 66. bekannt.
3) Die bei Bingen in den Rhein mündet.
4) Quellen V. S. 157 No. 63.
5) Quellen V. S. 158 No. 65.
6) Quellen V. S. 158 No. 64.
7) Im Thale bei Neustadt an der Haardt. Siehe: Mone Zeitschr. für Gesch. d. Niederrheins Bd. XI, 41, wonach die Erklärung in den Quellen u. Erörterungen Bd. V S. 160 Note 2 zu berichtigen.

die Wahl vor Ostern nicht statt, wird er diese Summe auf Ostern
[8. April 1257] in einem der vorbenannten Orte vollständig ausbezahlen.

Für die Erfüllung gab er ihm als Geissel einen seiner Söhne Balduin
oder Burkard, und stellte ausserdem als Bürgen den Bischof Nikolaus
von Cambray, Otto Probst von Achen, Konrad Sohn des Herren von
Sleyda, Wirich Herren von Daun, Heinrich Ritter von Gimmenich, welche
sich dahin verpflichteten, dass wenn sowohl die Zahlung des Geldes als
die übrigen Verheissungen nicht zum Vollzuge kämen, nicht nur er,
sondern auch seine Bürgen zu Lüttich so lange Einlager halten wollen,
bis dem Herzoge volles Genügen geleistet worden. Die Bürgen hingen
überdiess zu grösserer Sicherheit auch ihre Siegel an die von Johann
unterm 26. Nov. 1256 ausgestellte Urkunde[1]), in welcher ausserdem
noch die bei der Verhandlung gegenwärtig gewesenen Zeugen aufgeführt
wurden, nämlich der Wildgraf Konrad und dessen Sohn E.; sodann
Friedrich von Sleida, Albero von Brukberg, Ritter, Wirich von Daun,
Th. von Hohenfels, Simon Schultheiss von Koblenz, Berthold von Schilt-
berg, der Schenk Konrad von Erbach, Hermann von Haegenberg, und
dessen Bruders Sohn Engelschalk, Heinrich von Preising und Kerteford
von Apulien.

Ausserdem verhandelten des Königs Gesandte nur noch mit den
Erzbischöfen von Mainz und Köln, wie sich aus dem Vertrage mit dem
letztern ergibt, worin sich Richard verpflichtet, wenn er das Reich nicht
übernehmen oder sich mit der Wahl der Erzbischöfe von Mainz und Köln
und des Pfalzgrafen nicht begnügte, er dessenungeachtet dem Erzbischofe
von Köln für dessen Mühe und Auslagen 3000 Mark Sterlinge zu ent-
richten habe[2]).

Uebereinstimmend mit diesem urkundlichen Zeugnisse berichtet der
gleichzeitige, und bei den Verhandlungen selbst betheiligt gewesene
Chronist Balduin von Avesnes, dass König Richard mit den Erzbischöfen
von Köln und Mainz und dem Herzoge von Bayern habe unterhandeln
lassen[3]), woraus sich ergibt, dass Ludwig in den Augen der Engländer

---

1) Quellen V. 159 No. 66.
2) Böhmer Reg. imp. 359.
3) „Quant la mort le roi Guillaume fut seue en plusieurs terres, li quens Richars de Cornuaille,

nicht nur als Pfalzgraf sondern auch als Herzog von Bayern als der einzig berechtigte Kurfürst beider Fürstenthümer galt, ohne es für nöthig zu erachten, auch der Stimme des Herzogs Heinrich, als Mittheilhabers an der bayrischen Kur sich zu versichern, der nach ihrer Vorstellung nur zu jenen Fürsten zu gehören schien, welche zwar auf die Königswahl einen Einfluss übten, ohne jedoch zu den Kurfürsten zu gehören. Diese Auffassung tritt auch in der Darstellung der Wahlvorgänge hervor, über welche nachmals Richards Bevollmächtigte dem Pabste Urban IV Bericht erstatteten, um diesen zu Anerkennung und Krönung ihres Herrn zu vermögen, und zum Behufe der Rechtmässigkeit von dessen Wahl einige Gebräuche anführten, die hinsichtlich der Wahl eines römischen Königs bei den Fürsten, die eine Stimme zur Wahl haben, anführten und die Zahl der letztern als sieben angaben[1]).

Der Darstellung dieser Gesandten zufolge fanden sich, nachdem wegen Erledigung des Reichs der Wahltag auf den achten Tag nach Erscheinung des Herrn (13. Januar 1257) nach Frankfurt anberaumt geworden war, von den bezeichneten Fürsten nur fünf, theils selber, theils durch an-

qui estoit frère le roi d'Engleterre et qui avoit très grant tresor assamble, ot propos d'avoir le roiaume d'Alemaigne.
Pour ce envoia grans messaiges ou pais, et fist essaier aus princes comment il pourroit venir au roiaume. Si messaige parlèrent à l'arcevesque de Coulongne et à l'arcevesque de Maience et au duc de Baiwière. Cil troi orent en convent, parmi une grant comme d'avoir qu'il en orent, qu si tenroient. Après ces choses, prinrent li prince jour d'eslire. A ce jour ne vint mie li roi de Behaingne, qui estoit un des eslisours, ne li marchis de Brandebourg; toutes voies li autre, qui avoient convent qu'il se tenroient au conte Richart
Quant li quens Richars sot qu'il estoit eslus à roi d'Alemaigne, il atourna ses besoingnes puis se parti du pais et en porta grant avoir avec lui. Il avoit à feme la serour la roine d[e] France. Quant il vint en Alemaingne il ala à Ays et fut couronnés l'an de l'incarnation Nostre-Seigneur MCC . . .
Dès lors que li rois d'Espaigne sot la mort le roi Guillaume il avoit envoie au roi de Behainne et au duc de Brabant, qui estoient si cousin germain, et à plusurs autres d'Alemaigne, et lor avoit proié qu'il meissent conseil qu'il fust eslus au roiaume. Pour ce, se tenoit li rois de Behaingne et plusieurs autres contre le roi Richart. Par ce descort ne pot conquerre estre li roi Richars asseurés fermement de la couronne de l'Empire. Car li rois d'Espaigne avoit ses messaiges à la court de Romme contre les procureurs li roi Richart, et moustroit chascuns la besoingne son seignour au mieux qui puoit. Entre ces choses, estoit li rois Richars en Alemaingne, et avoit grant aide de plusieurs pour le grant avoir qu'il i avoit aporté". S. Bouquet Script. T. XXI S. 175.
1) Ueber die allmählige Beschränkung des früher allgemeinen Wahlrechts der deutschen Fürsten s. Phillipps die deutsche Königswahl Wien 1858. 8°.

dere vertreten, daselbst ein; nämlich der Erzbischof von Köln, der Erzbischof von Mainz, der diessmal Vollmacht ertheilt hatte, und der Pfalzgraf auf dem Felde bei Frankfurt; der Erzbischof von Trier und der Herzog von Sachsen innerhalb der Stadt.

Da diese beiden den Erzbischof von Köln und den Pfalzgrafen die Stadt zu betreten nicht gestatteten, und auch zu ihnen, obwohl hiezu aufgefordert, nicht herausgehen wollten, beschlossen der von Köln und der Pfalzgraf, da sie gewahrten, dass durch den Ablauf der Frist, Gefahr drohe, wenn an dem als peremtorisch angesetzten Tage die Wahl nicht geschähe, besonders indem von Jahr und Tag seit Erledigung des Reichs nur mehr 15 Tage übrig waren, innerhalb derer wegen Entfernung der Orte und anderer Umstände die genannten Fürsten unmöglich wieder hätten zusammenkommen können, nach vorher gepflogener Berathung mit den Prälaten, Herzogen und andern Anwesenden, mit deren gemeinsamem Rath und Einverstehen zur Wahl zu schreiten.

Demnach wählte der Erzbischof von Köln für sich und die erwähnten, nämlich für den von Mainz, als dessen Stellvertreter, und für den anwesenden und einwilligenden Pfalzgrafen den Grafen Richard von Cornwallis zum römischen König, und machte alsbald der zahlreichen Menge der Magnaten und andern Umstehenden ihre Wahl bekannt.

Dieser Wahl liess wenige Tage nachher der König Otakar von Böhmen durch seine Botschafter beistimmen.

Wie in dieser Darstellung von König Richards Gesandten über die Wahlvorgänge des Herzogs Heinrich mit keiner Silbe gedacht ist, wird seiner Anwesenheit in der Erzählung von König Alfons Gesandten bei dem Pabste über dieselbe Angelegenheit, ebenfalls nicht erwähnt, obgleich die persönliche Theilnahme Heinrichs an der Wahl durch die einheimischen Geschichtsquellen[1]), ja durch Herzog Ludwigs eignes Bekenntniss

---

1) So Hermannus Altahensis: Principes regni pro eligendo rege iam din habitis diversis conventibus, tandem diffinitivum electionis diem statuerunt in octava epiphanie [13. Jan. 1257] in Frankenfurt celebrandum. Ubi dum quidam convenissent, Moguntinus et Coloniensis archiepiscopi et Ludwicus comes palatinus Rheni et frater suus dominus H. dux Bavarie in Rychardum fratrem regis Anglie convenerunt. S. Pertz M. G. Script. XVII 397. — Und die Annales S. Rudberti Salisburg: „Ludwicus comes palatinus Rheni et Heinricus dux Bavarie frater eius cum episcopis Moguntino et Coloniensi fratrem regis Anglie in regem Romanorum accepto ab eo magna quantitate pecunie elegerunt". S. Pertz M. G. Script. IX 794.

urkundlich bestättigt ist, woraus hervorgeht, dass Heinrich unter jenen
ungenannten Herzogen mitverstanden worden, mit welchen der Erzbischof
von Köln und Herzog Ludwig eine vorgängige Berathung gepflogen, und
dass hierauf Heinrichs ganzer Antheil an Richards Wahl sich be-
schränkt habe[1]).

Da ausser den bisher als bei der Wahl betheiligten sechs Fürsten
in den Darstellungen der beiderseitigen Machtboten auch noch der Markgraf von Brandenburg genannt wird, konnten die Gesandten mit Fug
dem Pabste gegenüber behaupten, die Zahl der Wahlfürsten belaufe sich
auf Sieben, obgleich bei den Wahlverhandlungen, über die sie berichteten,
thatsächlich acht Stimmen vertreten waren, indem Ludwig zwei Stimmen:
die der Pfalz und von Bayern in sich vereinigte, seine Person aber nur
für eine gezählt wurde.

Dadurch entstand eine Unklarheit über die Rechtszuständigkeit der
einen oder andern dieser beiden Kuren, deren üble Folgen nicht ausblieben.

III.

Als mit König Richards Ableben († 2. April 1272) neuerdings eine
Erledigung eintrat, beabsichtigte Herzog Ludwig sich selber um die Krone
zu bewerben, und suchte deshalb mit den drei geistlichen Kurfürsten
sich auszugleichen. Erzbischof Werner von Mainz übernahm die Ein-
leitung zur Beseitigung der Anstände zwischen Ludwig und dem Erzbischofe Engelbert von Köln (Sprendlingen 6. Januar 1273)[2]). Darauf
schloss Ludwig Schutzbündnisse mit Mainz (Lahnstein 17. Jan. 1273)[3])
und Köln (Rense 20. Juli 1273)[4]) wobei jedesmal die Hebung der gegenseitigen Anstände vorgesehen wurde.

Nach diesen Vorbereitungen, und nachdem Ludwig auch bei dem
Pabste Gregor X. seine Lossprechung von dem Banne erwirkt hatte,
schritt er zu Vereinbarungen wegen der Wahl selber, zuerst mit Mainz

---

1) Busson Die Doppelwahl des Jahres 1257, spricht deshalb dem Herzoge Heinrich das Wahlrecht ganz ab, und widmet dazu eine eigne Beilage S. 120. „Die Theilnahme Herzog Heinrichs von Niederbaiern an der Königswahl von 1257".
2) Quellen V. 262. No. 108.
3) Acta Pal. VI. 322. Quellen V. 264 No. 109.
4) Quellen V. 265 No. 110.

(Mainz 1. Sept. 1273)¹) dann mit Köln (Boppard 11. Sept.)²) wobei er von der Absicht, die Wahl auf sich zu lenken abstand, aber soviel erzielte, dass mit Gewinnung auch des Erzbischofes von Trier eine einstimmige Wahl zu hoffen stand.

Herzog Heinrich, welcher von allen diesen Vorgängen Kenntniss hatte, aber von seinem Bruder zu keiner Verhandlung herbeigezogen war, liess sich nicht abhalten sein Wahlrecht zu behaupten.

Aber statt persönlich zu erscheinen, schickte er zu dem auf 29. Sept. 1273 nach Frankfurt anberaumten Wahltage den Probst Heinrich von Oetingen und Friedrich Kirchherren zu Landshut als seine Bevollmächtigte mit dem Auftrage, sich den übrigen Kurfürsten anzuschliessen, welche sich auf die Wahl des Grafen Rudolf von Habsburg verständigt hatten.

Die Gesandten erschienen in der Wahlversammlung, entschuldigten ihren Herren wegen gesetzmässiger Hindernisse und compromittirten ihrem Auftrage gemäss, zugleich mit allen andern Fürsten, die ihre Stimme Rudolf zugewendet hatten, auf Pfalzgraf Ludwig, welcher dieses Compromiss übernehmend, in seinem und seines Bruders und aller übrigen wahlberechtigten Fürsten Namen und Vollmacht den Grafen Rudolf zum römischen König feierlich erwählte.

König Otakar von Böhmen, welcher auf das Wahlrecht nicht minder Anspruch machte³), jedoch zu den Vorberathungen ebensowenig zugezogen worden war, als Herzog Heinrich, die Wahlverhandlung aber gleichfalls durch einen Machtboten, den Bischof Berthold von Bamberg beschickt hatte, liess durch denselben gegen Heinrichs Zulassung Widerspruch erheben, indem er wohl auf Urbans IV. Anführung über die Wahlvorgänge vom J. 1257 sich stützend behauptete, in der Siebenzahl der Kurfürsten gebühre ihm eine Stelle, nicht dem Herzoge von Bayern. Seine Einsprache wurde aber von allen Kurfürsten, geistlichen sowohl als weltlichen, zurückgewiesen, und so die Wahl Rudolfs vollzogen, indem die Stimme der Brüder Herzoge von Bayern, Pfalzgrafen bei Rhein für eine

---

1) Quellen V. 267 No 111.
2) Quellen V. 268 No. 112.
3) Otakar sagt von sich in einer Urk. v. 9. März 1275: „qui eligendi de iure ac consuetudine ius habemus .." S. Boczek Cod. dipl. Mor. IV, 142 No. CIII.

in der Zahl der sieben Fürsten, welche ein Recht zur Königswahl haben, gezählt wurde.

Heinrich fühlte sich, obgleich sein Wahlrecht anerkannt war, dessen ungeachtet doppelt verletzt, einmal, dass ihm nicht die volle Wahlstimme wegen Bayern zugesprochen war, in deren rechtlichem Besitze er sich bisher geglaubt hatte, zweitens dadurch, dass ihm der König von Böhmen sein Wahlrecht überhaupt streitig machte.

Er suchte daher bei dem Pabste Gregor X. Hülfe, an den er eine Botschaft, bestehend aus einem Benediktiner-Mönche Namens Wolfgang und seinem Kaplan Friedrich, wohl derselbe, der auf dem Reichstage zu Frankfurt sein Bevollmächtigter gewesen, mit einem aus Landshut datirten Schreiben sendete, worin er denselben bat, dass er ihm seine Stellung unter den übrigen Kurfürsten des römischen Reiches wahre, seine nicht unbillige Bitte erfülle, und den Berichten seiner Gegner nicht so leicht Gehör schenken möge.

Im ähnlichen Sinne schrieb er auch an das Cardinalskollegium und insbesondere noch an einen ihm bekannten Cardinal[1]).

Seinem Bruder gegenüber drang Heinrich auf endlichen Entscheid, wer von ihnen Pfalzgraf, wer Herzog sei, und damit, wer eine von den beiden Kuren ausschliesslich zu vertreten habe.

Da Ludwig darauf nicht einging, begann Heinrich seinem Grolle durch Thätlichkeiten gegen Ludwigs Lando Luft zu machen, welche erst am 13. Mai 1274 durch einen zu Regensburg geschlossenen Sühnevertrag beigelegt wurden[2]).

Sein Unmuth verleitete ihn sogar sich seinem Gegner Otakar anzuschliessen, und gleich diesem des Königs Hoftage zu meiden.

Erst den Reichstag zu Augsburg im Mai 1275 beschickten beide durch Machtboten, zwischen denen sich neuerdings ein Streit über den Besitz oder Nichtbesitz des Wahlrechtes erhob, so dass Ludwig, dessen Wahlrecht wegen Bayern dadurch ja ebenso betheiligt war, sich veran-

---

1) Pez Thes. Anec. T. VI P. II col. 137 No. CCXVII. mit Heinrichs Namen und Titel, und Ausstellort: Landshut. — Dann in Petri de Hallis liber formularum herausgg v. Firnhaber in Fontes. Rer. Austr. II. Bd. VI S. 67. ohne Namen des Herzogs und des Ausstellortes.
2) Quellen u. Erört. V. 271 No. 114.

lasst fand, im Vereine mit seines Bruders Gesandten dem Kaiser vorzustellen: hinsichtlich des Herzogthumes Bayern gebühre ihm und seinem Bruder dieses Recht von Alters her, indem er zu Begründung dieser Behauptung anführte, dass Heinrich einst der Wahl Richards persönlich angewohnt habe, und zur Zeit von Rudolfs Wahl sich durch Gesandte habe vertreten lassen, bei welcher Gelegenheit der von Otokars Bevollmächtigten erhobene Widerspruch von sämmtlichen Kurfürsten zurückgewiesen worden, in der Weise, wie wir vorne schon vernommen.

König Rudolf fand sich dadurch veranlasst, vor den böhmischen Botschaftern und vor den versammelten geistlichen und weltlichen Fürsten, Grafen und Herren den beiden Herzogen das Wahlrecht wegen Bayern feierlich und mit lauter Stimme anzuerkennen, und denselben eine Urkunde darüber auszustellen[1]).

Ludwig hatte nicht verhofft, dass seine, der Wahrheit entsprechende Aussage, durch deren Verbriefung seinem Bruder eine Waffe gegen sich gegeben werde, und war über die Ausstellung der Urkunde höchst ungehalten, so dass er soweit ging, dieselbe seinem Bruder, der sie doch für sich gegeben erachtete, geradezu vorzuenthalten.

Darüber kam es zu neuen Thätlichkeiten zwischen beiden Brüdern, bis sich sowohl der Pabst Gregor X., als König Rudolf in das Mittel legten, so dass unter Beistand des päbstlichen Legaten, Jakob Erzbischof von Embrun, die Bischöfe von Würzburg und Regensburg am 2. Februar 1276 zu Nürnberg einen Waffenstillstand beredeten, vor dessen Ausgang der Bischof Leo von Regensburg und Burggraf Friedrich von Nürnberg am 29. Mai 1276 zu Regensburg einen Vergleich zwischen beiden Brüdern zu Stande brachten[2]).

---

1) Urk. v. 15. Mai 1275, nach dem Originale im k. Hausarchive abgedr. in d. Quellen V S. 278 No. 110. Diese Urkunde, welche bei ihrer ersten Bekanntmachung durch Gewold in seiner 1618 herausgegebenen Schrift: „de Septemviratu" einen so lebhaften literarischen Krieg erweckte, wurde auch in neuer Zeit wieder Gegenstand gelehrter Erörterungen. So durch Lorenz „die siebente Kurstimme bei Rudolfs I. Königswahl" in den Sitzungsberichten der kais. Ak. zu Wien, philos. histor. Kl. 1855 Bd. XVII S 175 ff. u. Bärwald „Ueber die Echtheit u. Bedeutung d. Urk. K. Rudolfs I. betr. d. baier. Kur" in denselben Sitzungsberichten Bd. XXI S. 5 ff.

2) Quellen V. 296 No. 123. Diese hier zum erstenmale nach dem Originale abgedruckte wichtige Urkunde war früher für verloren gehalten, und nur in einer deutschen Uebersetzung

Dabei kam auch die Angelegenheit wegen K. Rudolfs Urkunde über die bayrische Kur zur Sprache.

Heinrich sagte hierüber:

Item super privilegio dato nobis Henrico duci in Augusta per dominum Rudolphum, regem Romanorum et principes, qui aderant, super electionem, de qua contentio fuit inter nos Henricum et dominum Regem Boemie profitemur:

quod nos Henricus dux non renuntiamus repetitioni et restitutioni eiusdem privilegii.

Ludwig aber entgegnete:

Quod nos Ludovicus dux non consensimus huiusmodi privilegio, nec de nostra processit voluntate, quod idem privilegium procederet, et supra hoc fratri nostro, cum ab eo requisiti fuerimus, faciemus iustitiam vel amorem.

Also Heinrich verzichtet nicht auf die Zurückforderung und Zurückstellung der Urkunde Königs Rudolf, die er für sich gegeben erachtete.

Ludwig aber gab nicht seine Einwilligung zu dieser Urkunde, die gegen seinen Willen ausgestellt wurde; wenn er von seinem Bruder deshalb belangt werde, wolle er ihm des Rechtes oder der Minne mit sein.

Die beiden Vermittler mussten sich demnach begnügen, in einer besondern Urkunde von gleichem Datum (29. Mai) zu bestimmen, dass die Brüder wegen ihrer Fürstenämter gegenseitig keinen Streit erheben, noch durch Brand und Raub oder andere Weise von jetzt bis Michaeli, und von da ab zwei Jahre hindurch [bis 29. Sept. 1278] sich feindlich bekämpfen sollen, wenn sie es nicht vorziehen, diesen Streit inzwischen freiwillig durch Recht oder Minne beizulegen.

Nach Verlauf dieser Frist steht es in eines jeden freiem Willen, den andern wegen der erwähnten Fürstenämter auf dem Wege des Rechtes oder der Minne vor dem Richter zu belangen, vor dem der Belangte rechtmässig Rede zu stehen verpflichtet ist. Aber auch dann sollen sie sich feindlicher Uebergriffe enthalten, ausser es versagt einer dem andern Recht oder Minne, und in diesem Falle soll der, welchem Recht

---

aus dem sechzehnten Jahrhundert bekannt gewesen, welche Fischer in der Erbfolgs-Geschichte des Herzogthums Bayern S. 252 No. VII herausgegeben hatte.

und Minne verweigert worden, auf sein Ermessen und Gewissen angewiesen sein. Zur Beobachtung aller dieser Bestimmungen verpflichteten sich beide Fürsten durch einen Eid[1]).

Wer anders aber konnte Richter in der Frage über die Fürstenämter sein, als der König? Mit diesem suchte Heinrich daher sich zu versöhnen[2]), und empfing von ihm noch im Herbste desselben Jahres (Sept. 1276) zu Regensburg seine Lehen. Aber durch neuen Abfall zu Otakar des Königs Gnade abermal verwirkend, gab Heinrich selber seine Hoffnung auf einen Erfolg in seinem langjährigen Kampfe auf, und verglich sich am 23. Oktober 1278 zu Vilshofen mit seinem Bruder, dass jede Klage, jeder Anspruch, ihre Fürstenämter betreffend, unbeschadet der Rechte jeden Theils, zweiundzwanzig Jahre hindurch zu beruhen habe, ohne dass einem Theile und dessen Erben durch Besitz oder Verjährung ein Nachtheil erwachse, vielmehr dass nach Ablauf der genannten Zeitfrist einem jeden sein Recht von den Erben ungeschmälert und unverletzt erhalten bleibe, und alsdann jeder der für ihn streitenden Rechte unbeanstandet geniessen soll, ohne deshalb nöthig zu haben die Hülfe geistlichen oder weltlichen Rechts anzurufen.

Damit diese Einigung Bestand habe, und damit, gleichwie sie, so auch ihre Erben bei Frieden bleiben, beschworen die volljährigen Erben eines jeden, gegen die Uebereinkunft niemals zu handeln, selbe vielmehr während der Zeit treu zu halten; für die Einwilligung der minderjährigen nach erlangter Mündigkeit verbürgten sich sowohl die Väter als deren volljährigen Söhne.

Schliesslich vereinigten sie sich dahin, obwohl während der festgesetzten zweiundzwanzig Jahre wegen der Fürstenämter sie und ihre Erben gegenseitig eine Klage nicht erheben dürfen, dass sie doch zu jeder Zeit, und wenn beide Theile es genehm finden, die Angelegenheit auf freundschaftlichem Wege vollständig bereinigen können[3]).

Als unmittelbare Folge dieses freiwilligen Abstandes auf einen Anspruch an kurfürstliche Rechte von Seite Heinrichs machen wir die Wahrnehmung, dass bei der nächsten Gelegenheit, wodurch die Kur-

---
1) Quellen V. 205 No. 123.
2) Wie aus einem undatirten Schreiben Rudolfs an Heinrich hervorgeht, hatte sich dieser sogar an König Alfons gewendet. S. Gerbert Cod. ep. S. 77 No. XIII.
3) Quellen V 312 No. 128.

fürsten Veranlassung hatten, als solche handelnd aufzutreten, von einer Theilnahme Heinrichs daran nicht die mindeste Spur zu finden ist.
Als nämlich die Kurfürsten im J. 1279 in einer gemeinschaftlichen Urkunde zu allem dem, was König Rudolf dem Pabste Nicolaus III. und der römischen Kirche an Rechten und Besitzungen gewährt und bestättigt hat, ihre Zustimmung gaben, erscheinen als Siegler der darüber ausgestellten Urkunde wohl die drei geistlichen Kurfürsten, und von Sachsen und Brandenburg wegen ihrer Theilstimmen die Herzoge Johann und Albrecht, sodann die Markgrafen Johann, Otto und Gerhard (?) — von Bayern aber nur der einzige Herzog Ludwig[1]).

Ebenso sind von Einzelbeurkundungen der weltlichen Kurfürsten nur die des Herzog Ludwig vom 19. März[2]), und von gleichem Datum die der Herzoge Johann und Albrecht von Sachsen[3]), sowie die des Markgrafen Otto von Brandenburg vom 12. Sept. 1279 bekannt[4]).

Von einem Siegel Heinrichs an der gemeinschaftlichen Urkunde, von einer Einzelfertigung verlautet nicht das geringste[5]).

Trotz des Vilshofer Vertrags dauerten im Lande die Befehdungen, Gebietsverletzungen und Uebergriffe, hervorgerufen durch streitigen Besitzstand, fort, so dass auf Anrufen der Fürsten selber, Bischof Heinrich von Regensburg daselbst am 10. Febr. 1280 eine Waffenruhe bis auf 1. Mai vermittelte[6]), binnen welcher Zeit der König Rudolf von den bei

---

1) Theiner C. Dipl. dominii temporalis I 217 (ex orig.) wo auch die Siegler aufgeführt sind. — früher in Lünig C. Ital. dipl. II. 754. Pertz M. G. IV (leg. II) S. 420.
2) Theiner C. dipl. dom. T. I S. 247.
3) Nach dem Orig. abgedr. bei Kopp Gesch. d. eidgen. Bünd. III 1, 295 No. 5. — Angeführt bei Theiner l. c. I 248.
4) Lünig C Ital. dipl. II 755.
5) Lorenz behauptet noch am 16. Jänner 1867 in den Sitzungsberichten der philos. histor. Kl. der kais. Ak. d. W. zu Wien Bd. 55 S. 233: Die römische Curie habe sich 1279 auch vom Herzog Heinrich neben Ludwig einen besondern Consens geben lassen. Wie er den Beweis hiefür schuldig geblieben ist, beruhen auch seine Behauptungen auf Seite 239 auf absichtlicher Entstellung der Thatsachen. Die jüngere (nieder-)bairische Linie, deren Gründer Heinrich war, machte seit dem Vilshofer Vertrag keinen Anspruch mehr auf die bairische Kur und starb überdiess schon 1340 aus.
Die ältere bairische Linie Ludwigs des Strengen, welche durch seine beiden Söhne Rudolf und Ludwig sich wieder in zwei Aeste abzweigte, in die ältere pfälzische und jüngere oberbairische stritt nur über den Wechsel in der „Kur von der Pfalz", wie sie der Verhältnisse wohl bewusst dieselbe urkundlich nannte.
6) Quellen V. 320 No. 132.

ihm zu Wien erschienenen Brüdern am 16. April sich in seine Hände geloben liess, die Verträge zu halten, und alle ihre Streitigkeiten, mit Ausnahme der über ihre Fürstenämter, durch ein von ihm ernanntes Schiedsgericht aus ihren Dienern, und wenn dieses es nicht vermöchte, durch den Bischof von Regensburg als Obmann schlichten zu lassen[1]). Unter Beistand des Burggrafen Friedrich von Nürnberg fällte der Bischof am 18. Juli 1280 zu Regensburg den Spruch, den die Herzoge in die Hände der beiden Obleute zu halten gelobten[2]).

Als König Rudolf im Jahre 1281 nach Regensburg kam, legten die Herzoge ihm die Urkunden der Vilshofer Verträge wegen der Fürstenämter und anderer damals getroffenen Bestimmungen mit der Bitte vor, dieselben unter Verhängung der Acht gegen deren Uebertreter durch seinen königlichen Schutz zu befestigen.

Der König, statt im Einklange mit seinem Grundsatze: „je klarer die Rechte der Einzelnen zu Tage kämen, desto leichter werde die folgende Nachkommenschaft der Stoff zum Streite entrückt"[3]), den Zwiespalt der Brüder durch königliche Entscheidung für immer zu heben, ging willfährig auf diese lange Vertagung der Streitfrage ein, und liess durch die Herzoge und ihre volljährigen Söhne für sich und die minderjährigen in seiner Gegenwart feierlich einen körperlichen Eid leisten, dass sie gegen die in dem Vertrage enthaltenen Bestimmungen niemals handeln, und über die Fürstenämter und was dieselben betrifft, gegen den Inhalt und die Form des Vertrags nie einen Streit erheben, und gegen die berührten Punkte nie irgend welchen Bescheid zu erlangen suchen, noch eine Urkunde dagegen anführen werden, unter dem ausdrücklichen Verzicht für sich und ihre Erben auf die Ausrede übler List, und auf alle Hülfe geistlichen und weltlichen Rechts, wodurch die Uebereinkunft gebrochen oder von einem unter ihnen abgeändert werden könnte, bei Strafe der Acht für den Uebertreter, deren sie sich mit des Königs Genehmigung freiwillig unterwarfen[4]).

---

1) Quellen V. 326 No. 134.
2) Quellen V. 328 No. 135.
3) „Quanto iura personarum prodierint in lucem notitiâ clariora, tanto liquidius posteritati succersure materia altercandi tollitur". Worte Rudolfs in seiner Urk. v. 26. Sept. 1290. S. Sommersberg Script. I 941.
4) Urk. v. 30. Juni 1281 in Quellen V. 335 No. 138.

In einem andern zu Vilshofen gefertigten Instrumente hatten die Herzoge bestimmt, in welchen Fällen sie persönlich Einlager zu leisten verpflichtet sein sollen. Auf Bitte der Herzoge verordnete der König, dass gegen den Uebertreter dieser Bestimmung gleichfalls die Reichsacht verhängt werden solle![1]).

Durch diese Verpflichtung und Uebernahme schwerer Verpönung im Falle von deren Uebertretung stand Herzog Heinrich von seiner am 29. Mai 1276 ausgesprochenen Absicht, auf König Rudolfs gegebene Urkunde zur Rettung seiner Ansprüche nicht verzichten zu wollen, freiwillig ab. Er durfte bei Reichsacht auf dieselbe sich nicht mehr berufen, noch einen neuerlichen Bescheid zu seinen Gunsten ausbringen.

Die Zeit, in welcher er wieder zu diesem Schutzmittel seine Zuflucht nehmen konnte, war zu weit hinausgerückt, als dass nicht inzwischen die Fürsten, welche auf dem Reichstage einstimmig das Wahlrecht Bayerns anerkannt hatten, dahingestorben wären, und dass nicht durch fortschreitende Entwicklung in den staatsrechtlichen Verhältnissen die Entscheidung über die ohnehin schon unklar gewordene Frage noch schwieriger, vielleicht ganz unmöglich geworden wäre.

Dieser Fall trat ein, ehe noch der Termin verfloss.

IV.

König Rudolf, welcher der Herzoge von Bayern Wahlrecht gegen die Einsprache des Königs von Böhmen nach dem Erkenntnisse sämmtlicher Reichsfürsten urkundlich anerkannt hatte, fand sich als vermöge des ihm von Gott verliehenen Amtes verpflichtet, eines Jeden Rechte vor Nachtheil zu bewahren, vornämlich die erlauchter Männer, auf deren Wohl und Ehre bedacht zu sein ihm gezieme, veranlasst, durch umsichtige Untersuchung ermitteln zu lassen, wieviel Recht im römischen Reiche dem Könige Wenzel von Böhmen, des Reiches Schenken und seinen Erben gebühre.

In einem zu Eger am 4. März 1289 ausgestellten Instrumente bekundete er: durch übereinstimmendes Zeugniss habe er gefunden, dass der genannte König und seine Erben das Recht und Amt eines Schenken

---
1) Urk. v. 30. Juni 1281 in den Quellen V S. 337 No. 139.

im römischen Reiche besitze, und bei der Wahl eines römischen Königs gleiches Recht und Stimme wie andere zur Wahl berechtigte Fürsten. Diese Rechte erkenne er an, und genehmige sie aus königlicher Machtvollkommenheit[1]).

In einer zweiten am 26. Sept. 1290 zu Erfurt ausgestellten Urkunde wiederholte Rudolf dieses Zeugniss, und erkannte, um den König von Böhmen und seine Erben vor Nachtheil zu bewahren: das Recht und Amt eines Schenken im Reiche stehe diesem und seinen Erben und nicht Andern zu; bei der Königswahl aber habe derselbe gleichfalls Recht und Stimme[2]).

Der Schwerpunkt dieser Beurkundung beruht auf der Theorie der Rechtsbücher, welche die Kurwürden von dem Besitze eines Reichsamtes abhängig machten.

Der Sachsenspiegel hatte den König von Böhmen, obwohl Schenk, und einer der vier weltlichen Ersten an der Kur, als Nichtdeutschen zur Wahl unberechtigt erklärt, der Schwabenspiegel hingegen anstatt des Königs von Böhmen den Herzog von Bayern als vierten der weltlichen Kurfürsten genannt, unrichtig aber demselben das Schenkenamt beigelegt, worauf Rudolf in seiner zweiten Urkunde hindeutet, wenn er sagt, dieses Recht gebühre nicht andern, obgleich er wohl wusste, die Herzoge von Bayern machen nicht wegen des Schenkenamtes, sondern ratione ducatus auf das Wahlrecht in der Siebenzahl der Kurfürsten Anspruch. Um mit sich selber nicht in Widerspruch zu kommen, vermied Rudolf daher sorgfältig diese Siebenzahl zu erwähnen.

Da aber einmal diese Zahl als die massgebende von den Wahlfürsten selber angenommen war, wurde Bayern durch Rudolfs Anerkennung von Böhmens Kurrecht auf Grund des Schenkenamtes thatsächlich aus dieser Zahl hinausgedrängt.

Diess war der Lohn für Ludwigs Starrsinn, der sich selber die Hände gebunden hatte, und um sich nicht der selbstbestimmten Strafe auszusetzen, nicht wagen durfte, die Frage wegen der bayrischen Kur bei dem Könige anzuregen.

---

[1] Sommersberg Script. I 940 No. XXXII.
[2] Sommersberg Script. I 941 No. XXXIII.

Daher mussten auch die Söhne Heinrichs, welcher siebenthalb Monate nach der ersten Beurkundung von Böhmens Kurrecht zu Burghausen am 4. Febr. 1290 gestorben war, als sie sich zehn Tage nach dem Tode ihres Vaters mit ihrem Oheime über einen Hintergang auf den Bischof Heinrich von Regensburg verglichen (14. Febr. 1290) sich verpflichten, dass es im Betreffe der Fürstenämter bei der Verschreibung zu verbleiben habe[1]), und diese Anerkennung wiederholen, als sie am 19. Febr. 1293 zu Regensburg denselben Bischof als Schiedsrichter in ihren Streitigkeiten ernannten[2]).

V.

Durch Anerkennung von Böhmens Wahlberechtigung waren drei weltliche Kurfürsten zugleich Rudolfs Schwiegersöhne. Mit ihrer Hülfe suchte Rudolf nunmehr einen längst gehegten Wunsch, die Krone in seinem Hause fortbestehen zu sehen, endlich in Erfüllung zu bringen.

Schon früher hatte er seinen zweitgebornen Sohn Hartmann dazu ausersehen, und im J. 1278 die Absicht ausgesprochen, alle Mühen anzuwenden, dass dieser, wenn er selber mit dem kaiserlichen Diademe geziert sei worden, mit Bewilligung der Wahlfürsten zum römischen König genommen werde.

Nachdem Hartmann am 20. Dez. 1281 im Rheine ertrunken war, ersah Rudolf seinen jüngern Sohn Rudolf hiezu, und verhandelte deshalb 1290 zu Erfurt mit seinen Schwiegersöhnen-Kurfürsten, deren Einwilligung er sicher erhielt, wie von dem einen, König Wenzel urkundlich[3]) gewiss ist.

Der gleichzeitige Tod des jungen Rudolf († 8. Mai 1290) vereitelte aufs Neue den Plan, der nunmehr in dem erstgebornen Albrecht von Oesterreich verwirklicht werden sollte.

Albrecht konnte aber von seinen Schwägern nur auf den Herzog Ludwig sicher rechnen, mit dem er auch alsbald Verhandlungen anknüpfte,

---

1) „— umb die sache, di unser fürstenambt anget, daz es umb sein sol, als es vor verschriben ist". — Ried C. D. Rat. I 632 No. 662.
2) Quellen VI. S. 1 No. 187.
3) Urk. Erfurt, 13. April 1290 abgedruckt in Kopp Gesch. d. eidgen. Bünde. I. S. 908 Beil. No 23.

die am 9. Okt. 1290 soweit gediehen waren, dass Albrecht an diesem Tage beurkundete: wenn es ihm gelänge die Leitung des römischen Reiches zu erhalten, werde er alle Privilegien, Freiheiten, Gnaden, Ehren und Rechte, welche sein Vater, König Rudolf, und dessen Vorfahren dem Herzoge Ludwig verliehen hatten, demselben und seinen Erben unverweilt unter königlichem Siegel bestättigen[1]).

Unzweifelhaft steht damit in Zusammenhange, dass König Wenzel am 15. April 1291 dem Herzoge Ludwig seinen Willebrief zu Rudolfs Bestättigung von Konradins Schankungen ertheilte[2]).

Als aber Rudolf bald nachher auf dem Hoftage zu Frankfurt im Mai 1291 die Nachfolge im Reiche für Albrecht zu gewinnen suchte, fand er bei der Mehrzahl der Kurfürsten Widerstand. Ohne seinen Wunsch erfüllt zu sehen, starb Rudolf am 15. Juli 1291.

Albrechts Lage, der seine Absicht auf den deutschen Thron nicht aufgab, war dadurch noch schwieriger geworden, denn, des Ansehens seines Vaters beraubt, hatte er seine einzige Stütze nur in Herzog Ludwig.

Vorerst sollte dieser den König Wenzel zu gewinnen suchen; wenigstens hatte Ludwig mit dem Könige im Oktober 1291 mehrere Zusammenkünfte, über deren Resultat nur eine Urkunde vom 8. Oktober vorliegt, die zwar auf die Wahlangelegenheit keinen Bezug hat, aber die Annahme nicht ausschliesst, dass vielleicht auch andere Verhältnisse verhandelt worden wären, über die, weil sie erfolglos blieben, Urkunden nicht auszustellen waren.

Wenzel war keineswegs geneigt, seinen Schwager, mit dem er in Zerwürfnisse gerathen war, auf den deutschen Thron zu heben; er verbündete sich vielmehr mit Markgraf Otto von Brandenburg, bei der bevorstehenden Wahl gemeinschaftlich zu handeln[3]), und erhielt von dem Herzoge Albrecht von Sachsen (am 29. Nov. 1291) das Versprechen, seine Wahlstimme ganz nach Wenzels Wohlgefallen abzugeben[4]).

Auf die geistlichen Kurfürsten, deren Abneigung dem Herzoge Albrecht von dem Frankfurter Hoftage her bekannt war, konnte er

---

1) Quell. u. Erört. V 447 No. 176.
2) Tolner C. Dip. S. 77 No. CX.
3) Palacky Gesch. v. Böhmen II, 1 S. 369.
4) Ludewig Reliq. V 436 u. Riedel C. Dipl. Brand. II 1, 199.

ohnehin nicht rechnen, und schon der Umstand, dass, während Erzbischof Gerhard von Mainz in seiner Eigenschaft als Erzkanzler die Wahl auf den Tag nach dem Feste der Apostel Philipp und Jacob (2. Mai) ausschrieb[1]), dagegen Herzog Ludwig die Ausübung dieses Aktes als ein Vorrecht seines Fürstenamtes für sich in Anspruch nahm und den Mitwoch nach Georgi (30. April) zur Wahl bestimmte[2]) zeigte, dass die Absichten des Erzbischofs und des Herzogs auseinander gingen.

Wie sich nachher herausstellte, hatten die geistlichen Kurfürsten ihre Absichten auf den Grafen Adolf von Nassau geworfen, mit welchem die Vereinbarungen wenigstens von Seite des Erzbischofes von Köln, jedoch erst kurz vor dem Wahltage zum Abschlusse kamen[3]).

Albrecht hatte Ludwig durch erneute Verheissungen zu gewinnen gesucht, indem er am 25. März 1292 gelobte: ihm seine mit den Gütern des von Steppach erkaufte Burg Stolzeneck und die vom Reiche zu Lehen gehende Burg Reichenstein anzuerkennen, ebenso ihm die Burg Kammerstein sammt den durch König Rudolf vom Kloster Ebrach erkauften Gütern gleichwie die von Rudolf dem Grafen von Durne abgekaufte Burg Dilsberg zu Lehen zu geben, und die Schenkung Konradins an ihn zu bestättigen[4]).

Dagegen versprach Ludwig eidlich, allen Fleiss und Sorgfalt anzuwenden, dass im Vereine mit ihm, die weltlichen Kurfürsten ihre Stimmen auf Herzog Albrecht lenken, und denselben zu einem römischen König wählen, da er diesen nach Erwägung aller Verhältnisse und Umstände der einzelnen Fürsten Deutschlands als zu einer so hohen Stelle für den geeignetsten halte; sollte er seine Mitfürsten oder einzelne derselben vor oder bei der Wahl für ihn nicht geneigt machen können, wolle gleichwohl er den Herzog von Oesterreich und keinen andern zum römischen König wählen, und sich von seinem Vorhaben weder durch Bitte noch durch Belohnung abwenden lassen. (München, 13. April 1292)[5]).

An dem festgesetzten Wahltage stand Ludwig jedoch mit seiner

---

1) D. D. 7. Sept. 1291 bei Sommersberg Script. I 947 No XLIII. Der 2. Mai war 1292 ein Freitag.
2) D. D. Ingolstadt 7. Dez. 1291 bei Sommersberg Script. I 946 No. XLI.
3) Ennen die Wahl Adolfs v. Nassau S. 56. No. 6. Urk. v. 26. Apr. 1292.
4) (Scheidt) Bibl. Götting. I S. 217 No. XXI.
5) Kurz Oesterr. unter Ottocar u. Albr. I. Bd. II 209.

Stimme für Albrecht allein; sein anfängliches Widerstreben scheint die Verlegung des Wahlaktes auf den 5. Mai veranlasst zu haben, an welchem auch er dem Grafen Adolf seine Stimme gab.

Dass von Herzog Heinrichs Söhnen bei dieser Wahlhandlung keine Rede gewesen, kann nicht mehr auffallen, da Ludwig ihnen ebensowenig einen Antheil an der Kur gestattet haben würde, als ihrem Vater, zudem der Termin, während welchem kein Anspruch erhoben werden durfte, noch nicht verstrichen war, wenn sie überhaupt nach der Anerkennung von Böhmens Kurrecht noch einen Anspruch geltend zu machen gesonnen gewesen wären.

VI.

In Ludwigs des Strengen († 4. Febr. 1294) Söhnen Rudolf und Ludwig waren wieder zwei Theilnehmer an der nur mehr einen pfälzischen Kurstimme vorhanden, ohne dass von dem Vater eine Bestimmung über die Theilung seines Rücklasses, wozu König Rudolfs Urkunde vom 1. August 1281[1]) ihn ermächtigt hatte, getroffen worden war.

Rudolfs erste Sorge war es aber, sich des Wahlrechtes zu versichern, indem er sich dem Könige Adolf aufs engste anschloss, und bei der bald nach seines Vaters Tode zu Ulm am 19. März erfolgten Abrede seiner Heurath mit Adolfs Tochter Mechtilde seinem künftigen Schwiegervater gelobte: wenn er bei der Pfalz, deren Zugehör und dem, was er dazu gewonnen, bleibe, namentlich bei der Kur, werde er dieselbe, es sei eine oder mehr, an einen Mann wenden, welchen der König wolle; ferner gelobte er mit seiner Mutter, dahin zu trachten, dass sein Bruder Ludwig sich nur mit des Königs und ihrer beider Rath ein Weib nehme.

Um sich ganz des Königs Schutzes zu versichern, verpflichtete er sich, demselben wider männiglich beholfen zu sein, den Verfügungen des von dem Könige ihm gegebenen, diesem aber eidlich verbundenen Rathe sich, seine Vizedome und Amtleute zu unterstellen; dass seine Vesten am Rheine auch dem Könige Huldigung leisten, und dass nach dieser Zeit der oberste Pfleger am Rheine schwöre, dem Könige die Vesten offen zu halten; endlich dass auch des Herzogs Vizedome in

---

1) Quellen V 351 No 143.

Bayern, seine Dienstmannen und Städte dem Könige gehorsam und behilflich sein sollen[1]).

Dieses enge Bündniss mit seinem Schwiegervater wahrte Rudolf auch, als die Kurfürsten des erstern Absetzung beschlossen, und hielt sich ferne von dem zu diesem Behufe im Jahre 1298 angesetzten Tage.

Da auch auf seine Theilnahme an dem weiter anberaumten Termine nicht zu hoffen war, ergriff der jüngere Ludwig, wohl von den Kurfürsten dazu aufgefordert, und als ohnehin schon durch seine Geburt dem Kollegium der Wahlfürsten angehörig sich erachtend, diese Gelegenheit, das pfälzische Kurrecht auszuüben, und bevollmächtigte[2]) den Herzog Albrecht von Sachsen auch, in seinem Namen an den Verhandlungen Theil zu nehmen, der sich dieses Auftrages auf dem Tage zu Mainz am 23. Juni auch entledigte.

In des Erzbischofs von Mainz Ausschreiben über Adolfs Absetzung von obigem Tage[3]), und in des Herzogs von Sachsen Verkündigung über Herzog Albrechts von Oesterreich Wahl[4]) zum deutschen Könige, wird daher Ludwigs Theilnahme durch Auftraggebung gedacht.

Doch musste er alsbald seinem Bruder wieder weichen, als dieser, nachdem Adolf im Kampfe um das Reich den Tod gefunden, dem Erwählten sich zuwendete.

Von diesem bei ihrer Zusammenkunft zu Mainz freundlich begrüsst, ging Rudolf mit den da versammelt gewesenen Kurfürsten nach Frankfurt, um hier durch eine einstimmige Neuwahl am 27. Juli den König auf dem deutschen Throne zu bestättigen, und in gemeinschaftlichem Schreiben an den Pabst[5]) und an das Reich[6]) vom 28. Juli diese Wahl zu verkündigen.

---
1) Quellen VI. 3d No. 195.
2) Urk. ohne Datum in einem aus K. Albrechts Kanzlei stammenden Formelbuche; abgedr. im Archiv f. Kunde österr. Gesch 1849 Hft 2 S. 231. Nach einer neuern Abschrift auch in Acta imperii S. 710 No. 1011 unter d. J. 1290 eingereiht, und demnach dem Herz. Ludwig d. Strengen zugeschrieben. Dass die Urk. jedoch nicht diesem, sondern dessen Sohne Ludwig, dem nachmaligen Kaiser zugehört, ergibt sich aus dem Umstande, weil der Aussteller den Herzog Albrecht von Oesterreich „avunculum", das ist: seinen Oheim von der Mutter her nennt, was Albrecht auch wirklich war.
3) Abged. in Kopp Gesch. d. eidgen. Bünde I. 905 ff. No 23.
4) Ohne Datum im Archiv f. Kunde 1849 Hft. 2. S. 229 No. 2.
5) Kurz Oesterreich unter Ottokar u. Albrecht I. Th. 2. S. 233 No XXXVI u. Pertz Mon. Germ. IV 467.
6) Kurz l. c. S. 230 No. XXXV.

VII.

Die nach der Ermordung König Albrechts († 1. Mai 1308) auftauchenden Gefährdungen des Landfriedens, und die Furcht vor innern Kriegen aus Veranlassung einer neuen Königswahl veranlassten alsbald Rudolf und Ludwig zu gemeinsamem Handeln in Abschliessung von Bündnissen mit benachbarten Fürsten und Reichsstädten, um so mehr, da beide sich Hoffnung auf den deutschen Thron machten, und diese Absicht sogar in ihren Verträgen aussprachen. So vereinigten sich beide Herzoge am 14. Mai mit dem Bischofe Philipp von Eichstädt wider männiglich mit Ausnahme des Reichs, wenn es einen Pfleger gewinnt, den man gemeinsam als König anerkennt[1]); am 1. Juni mit dem Bischofe von Speyer auf zehn Jahre[2]); am 2. Juni mit dem Domkapitel und der Stadt Augsburg[3]); am 11. Juli mit dem Bischofe von Würzburg auf fünf Jahre, mit dem Versprechen, die Rechte seiner Kirche aufrecht halten und vertheidigen zu wollen, wenn einer von ihnen zur höchsten Stufe im römischen Reiche erhoben würde[4]); mit dem Erzbischofe von Mainz wurden am 8. Nov. überhaupt die Irrungen wegen der streitigen Güter der Abtei Lorch durch Vertrag gehoben[5]).

Von den Schritten, welche die Brüder bei den Kurfürsten zur Erlangung ihrer Absicht gethan, ist nur bekannt, dass Rudolf den König Heinrich von Böhmen und den Erzbischof Heinrich von Köln für sich zu gewinnen gesucht habe.

Ausserdem gelang es den Brüdern nur mit den Kurfürsten von Brandenburg und Sachsen eine gegenseitige Unterstützung im Falle die Wahl auf einen von ihnen fallen würde, zu erzielen, indem sie sich am 25. Oktober 1308 zu Boppard[6]) mit den Bevollmächtigten der Markgrafen Otto und Waldemar von Brandenburg und des Herzogs Rudolf von Sachsen verbanden, mit diesen bei der Wahl einmüthig zu verfahren, und nur den zu wählen, der, sei es einer von ihnen beiden selber, Otto

---

1) Quellen VI. 149 No. 228.
2) Quellen VI. 151 No. 229.
3) Mon. Boic. XXXIII P. I. S. 334.
4) Quellen VI 152 No. 230.
5) Quellen VI. 154 No. 231.
6) Gewold de Septemviratu p. 758, daraus in Olenschlager Erläut. Staatsgesch. Urk. S. 15. No. VIII.

oder Waldemar, Albrecht von Anhalt oder Friedrich von Oesterreich, die meisten Stimmen von den geistlichen Kurfürsten erhalten würde.

An den hierauf stattgefundenen Vorverhandlungen zu Rense nahm jedoch nur Herzog Rudolf Theil, der, nachdem drei Tage hindurch über die Annahme des von den Erzbischöfen von Mainz und Trier zum römischen König in Vorschlag gebrachten Grafen Heinrich von Luxemburg war gestritten worden, zuletzt auch diesem zustimmte, und ihn an dem auf 27. Nov. 1308 nach Frankfurt anberaumten Tage erwählte und verkündete, sowie mit den übrigen Kurfürsten den Pabst Clemens V. von dieser Wahl unterrichtete.

Bei dieser Gelegenheit zeigte es sich, dass Rudolf seinem Bruder, obgleich dieser schon in die Mitregierung eingetreten war, keinen Antheil an der Kurstimme zugestand, da er in dem Wahlberichte nur für sich und in seinem Namen handelnd auftritt[1]), ohne einer Vollmacht seines gleichberechtigten Bruders zu erwähnen, wie diess bei den andern und überdiess noch bestrittenen Theilstimmen der Fall war, bei denen die Namen deren Träger oder Prätendenten aufgeführt wurden, indem Markgraf Waldemar beurkundete, dass er für sich und seinen Neffen, Markgrafen Otto, sodann im Namen der Herzoge Johann und Erich von Sachsen gewählt habe, welche das sächsische Kurrecht gleichfalls ansprachen und ihn als Stellvertreter ernannt hatten, im Falle es sich vermöge Recht und Herkommen herausstellte, dass sie zur Wahl zuzulassen seien.

VIII.

Diese ausschliessliche Beanspruchung eines gemeinschaftlichen Rechtes mag wohl auch eine der mitwirkenden Veranlassungen zu den Misshelligkeiten zwischen den Brüdern gewesen sein, die im Jahre 1310 zur Theilung der Herrschaften in Bayern führten, zuerst des Gebietes jenseits der Donau, sodann am 1. Oktober 1310 des Viztumamtes München, der Güter in Schwaben und in Oesterreich.

Welche Verabredung wegen der Pfalz damals getroffen worden, ist unbekannt geblieben; der Theilbrief des Viztumamtes München berührt

---

1) „Ego Rodolphus dux Bavariae pro me et nomine meo" in dem Wahlberichte v. 27. Nov. 1308 bei Olenschlager Erläuterung etc. Urk. S. 61 No. XXII; Pertz Mon. Germ. IV 490.

nur, dass in Betreff der Pfalz hinsichtlich der auswärtigen Lehen es bleiben solle: „in allem dem ruht, als vor getaidingt ist".

Dass aber damals das Kurrecht dem Herzoge Rudolf verblieben, darf als sicher angenommen werden, da er im darauffolgenden Jahre von dem Erzbischofe Peter von Mainz „der achper kurfürst des römischen riches" genannt wird[1]).

Als hierauf die Brüder sich versöhnten und am 21. Juni 1313 ihre Länder wieder vereinigten, wurde das Kurrecht dem Herzoge Rudolf lebenslänglich zugesprochen.

Ueberlebt ihn sein Bruder Ludwig, geht es an diesen mit den gesammten Landen und Herrschaften an dem Rheine und in Bayern bis zu seinem Tode über, ohne dass Rudolfs Söhne Theilung fordern dürfen. Ueberlebt Rudolf seinen Bruder Ludwig, soll er dessen Kindern alle Rechte halten.

Nach ihrer beider Tod bleibt der älteste ihrer Söhne solange im Besitze des Kurrechtes, als diese ungetheilt beisammen sind. Verlangen sie Theilung, sollen sie am Rhein und in Bayern und allenthalben gleich theilen, und keiner, weder älterer noch jüngerer besseres Recht, es sei an der Kur, oder an dem Gute und der Herrschaft vor dem andern haben. Welcher aber bei der Theilung das Kurrecht erhält, hat es den übrigen mit anderm Gute oder Herrschaft zu widerlegen[2]).

IX.

Gleich nach diesem Vertrage kam das Reich durch Heinrichs VII. Tod († 24. August 1313) in Erledigung und damit Herzog Rudolf in den Fall das Kurrecht ausschliesslich führen zu können.

Den anfänglichen Plan, die deutsche Krone für sich oder scheinbar auch für seinen Bruder Ludwig zu gewinnen, gab Rudolf bald auf, und wendete sich, obgleich er von dem Könige von Böhmen und dessen Gönner, dem Erzbischofe von Trier, wegen seiner Wahlstimme schon Versprechungen und Geldverschreibungen angenommen hatte, dem Hause Habsburg zu; indem er am 28. April 1314 zu Speier gelobte[3]), Niemand

---

1) Quellen VI S. 175. Urkunde vom 3. April 1311.
2) Quellen VI 217 No. 249.
3) Dumont Corps. dipl. T. I. P. II. No. VI. Olenschlager Staatsgeschichte. Urk. S. 57 No. XVII.

andern zum römischen Könige zu erwählen, als den Herzog Friedrich von Oesterreich und im Falle dieser vor der Wahl stürbe, dessen Bruder Leopold; ausserdem übernahm er mit dem Herzoge Rudolph von Sachsen zu Bacharach am 9. Mai[1]) die Bürgschaft für die richtige Zahlung der grossen Summen, welche Leopold im Falle der Erwählung seines Bruders dem Erzbischofe Heinrich von Köln versprochen hatte, mit dem er sich gleichfalls verband[2]), dem Könige Johann von Böhmen, des verstorbenen Heinrichs VII. Sohne, seine Stimme nicht zu geben.

Der Ausfall der darauf erfolgten zwiespaltigen Wahl, bei der Herzog Ludwig am 20. Oktober die Mehrzahl der Stimmen gegen den am 19. Oktober erkorenen Friedrich von Oesterreich erhielt, entzweite die Brüder aufs neue, führte zu wiederholten Kämpfen, die zuletzt damit endeten, dass Rudolf seine Lande an Ludwig überliess (26. Febr. 1317), die dieser behielt, bis ihn die Verhältnisse zwangen, seinen Neffen ihr Erbgut vermöge des zu Pavia am 4. August 1329 geschlossenen Vertrags wieder ausfolgen zu lassen.

Um seinen Söhnen wenigstens einen Antheil an der Kur zu retten, wurde von dem Vertrage vom Jahre 1310, nach welchem sie einem Theile ausschliesslich zukommen sollte, abgewichen, und der Wechsel in derselben angenommen. Pfalzgraf Rudolfs Söhne sollten die erste Wahl vollziehen, Kaiser Ludwigs Söhne die andere, und die Wechslung zwischen ihnen und ihren Erben fortwährend stattfinden; der wählende Theil hat jedesmal bei dem neu erkornen Könige des anderen Theiles Rechte zu wahren. Will ein Theil den andern an seinem Wahlrechte verkürzen, geht er seines Rechtes verlustig, und die Wahl bleibt auf ewig bei dem andern Theile. Auf den Fall des Aussterbens einer Linie wird der Heimfall des Rücklasses an die übrig bleibende versichert[3]).

Eine Bestätigung der Kurfürsten zu diesem Vertrage erfolgte erst als Kaiser Ludwig im Begriffe stand auf das Reich zu verzichten, um es mit Hülfe der Kurfürsten auf den Herzog Heinrich von Niederbayern

---

1) Bodmann Cod. epist. S. 335 in Nr. XXI.
2) Zu Bacherach am 12. Mai 1311. S. Bodmann Cod. ep. 324 No. XVI
3) Olenschlager Erläuterung etc. Urk. S. 7 No. V. — Der Gegenbrief der Herzoge Rudolf und Ruprecht in: Quellen VI 298 No. 277.

überzutragen. König Johann von Böhmen, der Hauptvermittler in diesem Plane, versprach bei dieser Gelegenheit am 6. Dezember 1333 zu Frankfurt, auf diesen Fall den Herzog Heinrich anzuhalten, dass er den von Ludwig mit seines Bruders Söhnen gemachten Vertrag um die Kur an dem Reich und die Theilung bestättige[1]. König Johann selber ertheilte am 8. Dezember seinen Willebrief hierzu[2]; ebenso der Herzog Rudolf von Sachsen[3]).

X.

Im Vertrage von Pavia war nur darauf Bedacht genommen, wem bei dem jedesmaligen Falle der Reichserledigung die Wahlberechtigung zukomme.

Es blieb daher zweifelhaft, wer zur Theilnahme an andern Reichsgeschäften der Kurfürsten berechtigt sei.

Dieser Fall trat ein, als Kaiser Ludwig auf dem Reichstage zu Frankfurt (1338) sich über die Anmassungen des Pabstes beschwerend, die Kurfürsten zur Wahrung der Rechte des deutschen Reiches aufforderte, und diese desshalb sich nach Lahnstein, und dem gegenüber gelegenen Rense, dem wiederholt zu den kurfürstlichen Berathungen ausersehenen Orte sich begeben.

Sowohl die Söhne und der Enkel Rudolfs wollten daran Theil nehmen, als auch Kaiser Ludwigs Sohn Herzog Stephan von Bayern, da dessen älterer Bruder Ludwig, als Markgraf von Brandenburg, ohnehin schon mit einer kurfürstlichen Würde bekleidet war.

Sie wurden zwar für diessmal zugelassen, weil noch nicht ausgetragen war, wer unter ihnen Kurfürst sei, mussten jedoch vorher urkundlich anerkennen, dass die Kurfürsten nur einem von ihnen als Pfalzgrafen und damit als Kurfürst die Theilnahme an ihren Verhandlungen zu gestatten befugt seien[4].

Ihre Namen erscheinen daher sämmtlich in der von den Kurfürsten gemeinschaftlich ausgestellten Urkunde über ihren Verein zu Aufrecht-

---

1) Quellen VI 335 No. 291.
2) Fischer Kl. Schrr II 659 No.
3) (Scheidt) Bibl. Getting I 249.
4) Ungedruckte Urk. Ruprechts des ältern u. Ruprechts des jüngern ohne Ort, v. 15. Juli 1338.

haltung der Ehre und Würde des Reichs und ihrer kurfürstlichen Rechte[1]), welche jeder derselben in seinem eigenen Namen in besonderer Ausfertigung wiederholte[2]).

XI.

Die zu Rense erhobenen Bedenken und Anstände wegen Zulassung so vieler Prinzen aus dem Hause Wittelsbach zu den kurfürstlichen Verhandlungen, veranlassten den Kaiser Ludwig alsbald die nöthigen Vorkehrungen zu treffen, um seinen Söhnen den Antheil an der Kurwürde durch Sicherstellung des Wechsels zu befestigen.

Noch auf dem Tage zu Frankfurt, wohin sich die Kurfürsten von Rense aus wieder begeben hatten, veranlasste der Kaiser den Pfalzgrafen Rudolf II. am 7. August zu wörtlicher Wiederholung von dessen am 16. Juli zu Rense ausgestellter Urkunde, dass nur einer der wittelsbachischen Prinzen die Wahl auszuüben habe[3]). Eine gleichlautende Urkunde musste Herzog Stephan am selben Tage für sich und im Namen seiner Brüder Ludwig (des Römers), Wilhelm und Albert ausstellen[4]).

Um auch dem Reiche gegenüber die Vereinbarung zur Geltung zu bringen, beurkundete der Kaiser vier Tage später (11. August 1338) in einem besonderen, unter seinem Majestäts-Insigel gefertigten Dokumente[5]), die in dem Theilungsvertrage von Pavia wegen der „Kuer dez riches von der pfallenzgrafschaft ze Rine" getroffene Bestimmung, dass der älteste seiner Vettern, Herzog Rudolf II., die nächste Wahl; bei der andern nächsten Wahl aber Herzog Stephan oder im Falle dieser gestorben, der älteste von dessen Brüdern dieselbe haben solle; nach dieser Wahl solle wieder Herzog Rudolf oder Herzog Ruprecht, wenn Rudolf nicht mehr lebte, oder wer dann unter ihnen oder ihren Erben der älteste wäre,

---

1) Lateinische Urk. ausgestellt zu Loynstein 1338, 15. Juli abgedruckt bei Ficker „Zur Geschichte des Kurvereins" in den Sitzungs-Berichten der philos. histor. Klasse der kais. Akad. d. W. zu Wien Bd. 11 S. 701 No. 2. — u. lat. Notariats-Instrument über die von den zu Rense am 16. Juli 1338 versammelten Kurfürsten erlassenen Erklärungen" das. S. 703 No. 3.
2) Quellen VI S. 363; Reg Boic. VII. 221 und Böhmer Reg Lud. S. 242 Wahlsachen No. 71.
3) Hontheim Hist. Trever. II S. 135 No. DCL.
4) Ungedruckte Urk. dd. Franckenfurt an Freytag vor Laurentii (7. Aug.) 1338. Siehe Hontheim l. c.
5) Quellen VI 335 No. 301.

die erste Wahl haben, sodann aber wieder von des Kaisers Söhnen oder Erben allezeit der älteste, und so immerfort.

Hierzu wurden sodann auch die Willebriefe der Kurfürsten eingeholt. Nur Markgraf Ludwig der Brandenburger und Herzog Rudolf von Sachsen zeigten sich sogleich willfährig, indem ersterer noch zu Frankfurt am 14. August seine Genehmigung ertheilte[1], der Herzog aber zu Koblenz am 1. September 1338[2].

In beiden Willebriefen ist nur der Wechsel in der Kur zwischen beiden Linien berührt, das ist der erste Theil von Kaiser Ludwigs Urkunde vom 11. August, nicht auch der übrige Inhalt derselben, dass die nächste Wahl der pfälzischen Linie, und darin dem Herzoge Rudolf II. zukomme, und dass überhaupt nur der älteste der treffenden Linie die Wahl ausüben soll.

Der nächste weltliche Kurfürst, König Johann von Böhmen, welcher an dem Kurvereine zu Renso nicht Theil genommen hatte, aber auf dem Reichstage zu Frankfurt gegenwärtig gewesen, ertheilte erst bei seiner abermaligen Anwesenheit zu Frankfurt im März des nächstfolgenden Jahres, auf Bitte des Herzogs Rudolf II. der getroffenen Vereinbarung seine Genehmigung und zwar auf sehr eigenthümliche Weise, indem er beurkundete: er habe die Briefe des Kaisers und des Markgrafen Ludwig gesehen und gelesen, die Verordnung über die Pfalzgrafen enthaltend, welchem von ihnen das Recht der Königswahl zuerst zustehe. Aus diesen Briefen gehe hervor, dass dieses Recht bei nächster Gelegenheit hiezu, dem Pfalzgrafen Rudolf II. und Niemanden Andern zustehe[3].

Die Hauptbestimmung der Verordnung, dass ein Wechsel in der Kur zwischen der pfälzischen und bairischen Linie stattzufinden habe, wurde von König Johann gar nicht berührt.

Von den geistlichen Kurfürsten liessen sich nur die Erbischöfe von Heinrich von Mainz und Balduin von Trier erst später[4], und zwar nur

---

1) Ungedruckte Urk.
2) (Scheidt) Bibl. hist. Gotting I 248 — Fischer Kl. Schrr. II 661 No. XL.
3) Rousset Corps dipl. Ib 143 Würdtwein Subhid. V. 175 No. 83.
4) Zu Frankfurt am 7. September 1340, Heinrichs Urk. gedruckt in Acta acad. Pal. IV 204 No. III u. Fischer Kl. Schrr. II 673 No. XLVIII. — Urk. Balduins gedr. in Quellen VI. 871. No. 906.

auf „erntliche bete" des Kaisers herbei, ihre Zustimmung zu geben, und zwar nur unter dem Vorbehalte, dass von den wittelsbachischen Prinzen die Wahl und andere kurfürstliche Rechte stets nur Einer ausüben solle, und dass, wenn unter den wittelsbachischen Prinzen eine Zweiung darüber entstünde, und den Kurfürsten keiner urkundlich dazu benennt würde, dass dann die Kurfürsten den ältesten der treffenden Linie, „als einen Pfalzgrafen von dem Reine" zu der Wahl lassen sollten, es wäre denn, dass ihnen mit offenen Briefen nachgewiesen würde, die Kur gehöre einem andern, da nach Rechte und Herkommen nicht mehr als sieben Kurfürsten Wahl und Stimme am Reiche haben, und wenn ein Kurfürst mehr als einen Erben habe, oder wenn ein Kurfürstenthum getheilt würde, doch nie mehr als eine Person von dem Kurfürstenthume Stimme und kurfürstliche Rechte haben solle.

Welcher der beiden Linien die nächste Wahl zustehe, und namentlich, dass dieselbe durch Pfalzgraf Rudolf II. ausgeübt werden solle, wird auch in diesen beiden gleichlautend ausgestellten Urkunden vom 7. September 1340 mit Stillschweigen übergangen.

Wegen dieser Zustimmungen mussten der Kaiser und die einzelnen betheiligten Fürsten der beiden Linien Reverse[1]) über die Modalitäten ausstellen, unter welchen die Kurfürsten ihre Einwilligungen gegeben hatten.

Von dem Erzbischofe Walram von Köln, dem Gegner des Kaisers, ward keine Zustimmung erhalten.

Durch das Stillschweigen über die Zuständigkeit der nächsten Wahl fühlte sich Pfalzgraf Rudolf II. benachtheiligt, und suchte daher diesen Mangel durch Erlangung besonderer Urkunden zu ergänzen.

Es gelang ihm aber nur, bei dem Erzbischofe Heinrich von Mainz, welcher ihm unterm 24. Juni 1341 eine dem Wortlaute nach mit der des Königs Johann von Böhmen ganz gleiche Urkunde[2]) ausstellte.

---

1) Zu Frankfurt am 8. Sept. 1340. Urk. K. Ludwigs gedr. in Günther Cod. Rhen. Mosell. III. 425 No. 264. — Ludw. d. Brandenb. in Quellen VI. 373 No. 307. — Dominicus (Al) Baldewin von Lützelburg S. 385 führt an, dass im Provinzialarchiv zu Koblenz auch Stephans von Bayern Revers hinterliege, und dass der Kaiser dem Erzbischofe in einer besondern Urk. vom 13. Juni 1341 versprach, dass Markgraf Ludwig, der seinen Revers nur unter Secretsiegel gegeben hatte, einen zweiten unter seinem grossen Siegel ausfertigen werde.
2) Gudenus Cod. dipl. Mogunt. III 317 No. 230.

XII.

Seitdem sich Pfalzgraf Rudolf II. mit seinem Bruder und Vetter abgetheilt hatte (18. Februar 1338), schloss er sich dem Kaiser und dessen Söhnen aufs engste an.

Bei seinem Aufenthalte zu Frankfurt (1338) nahm er den Kaiser als seinen Mundbar über alle Herrschaften, Lande und Leute an, so dass alle seine Burgmannen dem Kaiser Gehorsam schwören mussten, und von demselben nach Gutdünken gesetzt und entsetzt werden konnten (23. Juni 1338)[1]) er versprach dem Kaiser und dessen Söhnen mit aller Macht beholfen zu sein[2]); ja er vermachte sogar des Kaisers Söhnen auf den Fall seines Absterbens ohne Mannserben alle seine Lande gegen die Verpflichtung der Versorgung seiner Tochter[3]).

Der Kaiser hinwieder bestättigte dieses Vermächtniss, und das gegenseitige Bündniss seiner Söhne mit Rudolf (23. Juni 1338)[4]) nahm ihn, gleich als wäre er sein Sohn mit dessen Landen, Leuten und Gütern in seinen besonderen Schutz (Frankfurt 17. September 1338)[5]) und erliess ein allgemeines Gebot, den Pfalzgrafen nicht anzugreifen, ohne vorher denselben vor ihm, den Kaiser, belangt zu haben (17. September)[6]).

Drei Jahre später übergab Rudolf alle seine Lande zu Bayern auf vier Jahre lang (bis Georgi 1346) dem Kaiser in Schutz und Verwaltung, dass während dieser Zeit von den Gütern des Landes seine Schulden abgetragen werden; nach Verlauf der vier Jahre sollen zwar die Lande wieder in seine Hände zurückkehren, er aber verpflichtet sein, die dem Kaiser und dessen Söhnen gegebenen Handfesten zu halten (2. Juli 1341)[7]). im Jahre 1342 wiederholte er eidlich, das Vermächtniss seiner Lande und Leute unverbrüchlich halten zu wollen (23. Sept.)[8]).

---

1) Fischer Kl. Schrr. II S. 665 No. XLIV.
2) Das. S. 664 No. XLIII u. Quellen VI. 348 No. 297.
3) Fischer Kl. Schrr. II 666 No. XLV u. Quellen VI. 348 No. 298.
4) Fischer Kl. Schrr. II 668 No. XLVI.
5) Fischer Kl. Schrr. II 663 No. XLII.
6) Fischer Kl. Schrr. II 662 No. XLI Böhmer Reg. I.ud. S. 121 weiset ausserdem noch mehrere unterm 16. Sept. 1338 vom Kaiser für Pfalzgr. Rudolf erlassene Gnadenverschreibungen aus einem Kopialbuche nach.
7) Fischer Kl. Schrr. II 676 No. XLIX.
8) Fischer Kl. Schrr. II 680 No. L.

Die Erfüllung dieses Vermächtnisses hätte der ludwigischen Linie die Kur wo nicht gänzlich, doch deren Wechsel gesichert, indem ihr durch den Besitz pfalzgräflicher Lande, die Eigenschaft wirklicher Pfalzgrafen nicht hätte streitig gemacht werden können.
Rudolf's unbeständiger Character vereitelte diese Aussicht!

XIII.

Pabst Clemens VI. suchte den von ihm gebannten Kaiser Ludwig um jeden Preis zu stürzen, und einen Gegenkaiser in der Person des Markgrafen Karl von Mähren, des Königs Johann von Böhmen Sohn aufzustellen, dessen Wahl durch den wider Erzbischof Heinrich von Mainz eingedrungenen Gerlach, den zwei andern geistlichen Kurfürsten, dem König Johann von Böhmen und dem Herzoge Rudolf von Sachsen zu Rense am 11. Juli 1346 zu Stande kam.

Pfalzgraf Rudolf II. und dessen Bruder, welche der Pabst auch zu gewinnen versucht hatte, blieben ihrem Oheim treu.

Auf dem Reichstage zu Speyer wurde Karls Wahl für nichtig erklärt und nach Ludwigs Tode († 11. Okt. 1347) desshalb von der bayrischen Parthei wieder zur Wahl geschritten, wobei zuerst König Eduard III. von England (7. Januar 1348) und als dieser ablehnte, Graf Günther von Schwarzburg (30. Januar 1349) gewählt wurden. Beide Male hatte Rudolf die Führung der Stimme seinem Bruder Ruprecht dem ältern überlassen[1]).

Karl, welcher jedoch keineswegs nachzugeben gesonnen war, rüstete alsbald gegen den Neugewählten. Aber noch während die beiden Gegenkönige sich feindlich einander gegenüberstanden, verbreitete sich zum Erstaunen Aller die Nachricht, Karl habe sich mit Pfalzgraf Rudolfs Tochter Anna am 4. März 1349 zu Bacharach vermählt.

Rudolf vergass bei dieser Gelegenheit so ganz aller Pflichten gegen sein Haus, dass er in dem Heirathsbriefe sogar bestimmte, auf den Fall seines söhnelosen Absterbens solle sein Land seiner Tochter Frau Anna

---

[1] . . „plenaria potestas nominandi et eligendi personam ydoneam in regem Romanorum penes nos . . pro ista vice resideabat" sagt Ruprecht d. ält. in seinem Brief an die Stadt Worms über Günthers Wahl. S. Bodmann Cod. epist. S. 265 No. XXVII dd. 2. Febr. 1349.

„allzumal ohne Verhinderniss verfallen und wartend sein, mit allen Fürstenthumen, Herrschaften und Würdigkeiten und Ehren, die dazu gehören", und alle Burggrafen und Amtleute, Mannen, Ritter, Städte und Märkte in allen seinen Fürstenthumen und Herrschaften sollen seiner Tochter und deren Gatten geloben und schwören, dass sie auf seinen söhnelosen Todfall dem Könige und dessen Erben mit allen Vesten, Städten und Landen gehorsam und unterthänig sein werden. Nur für den Fall, dass Karl und dessen Gattin ohne Leibeserben stürben, sollen die Güter wieder heimfällig werden.

Zu Aufrechthaltung dieser Verschreibung verbanden sich Rudolf und Karl wider männiglich, Niemand ausgenommen, durch einen geschworenen Eid [1]).

Dieser Bruch Rudolfs an seinen schriftlich und mündlich gemachten Versprechungen, durch den das Interesse des gesammten Hauses Wittelsbach aufs tiefste verletzt wurde, blieb vorerst noch geheim gehalten.

Im Vertrauen auf Rudolfs Verschreibungen kamen Kaiser Ludwigs Söhne noch am 13. September desselben Jahres bei Gelegenheit der Theilung ihrer Lande überein, dass Ludwig der Brandenburger, Ludwig der Römer und Otto die Zahlung von 6000 Mark [2]) Silbers an die römische Königin, Pfalzgraf Rudolfs Tochter, übernahmen gegen die Anwartschaft „alles des angevelles, das uns von ihrem Vater, unserm lieben Vetter, Herzog Rudolf und von ihr angevallen mag, als das mit teidingen herkomen und auch verschrieben ist"[3]).

Arglos hatten sich daher die Herzoge zu Eltville am 26. Mai 1349 zur Sühne mit König Karl herbei gelassen[4]).

Die Ursache aber, welche den Pfalzgrafen Rudolf zu seinem Schritte veranlasst hatte, ist ohne Zweifel in der Schuldenlast zu suchen, die ihn darnieder drükte.

Wie erwähnt, hatte er schon im Jahre 1341 seine Lande in Bayern dem Kaiser zur Verwaltung abgetreten, um aus den Erträgnissen seine

---

1) Urk. dd. Bacharach 4. März 1349 bei Dumont Corp. dipl. I b S. 250 No. CCCXV.
2) Diese 6000 Mark Silbers, nürnberger Gewichts stammten von der Aussteuer ihrer Mutter Anna, Herzog Otto's von Kärnten Tochter her.
3) Quellen VI S. 411 in No. 324.
4) Sommersberg Script. I S. 981 No. XCIII.

Schulden zu tilgen. Eine Urkunde aus der Zeit nach seiner Vereinigung mit dem Könige Karl lehrt uns, dass dieser ihm mit 2400 Mark löthigen Silbers die verpfändeten Ruchhaus und Neckarau, Germersheim und Wachenheim lösen musste, wogegen er sich verpflichtete seine Amtleute, Vesten, Städte und Märkte in Bayern und anderen Orten, wo dem Könige noch nicht gehuldigt und geschworen worden, durch Engelhart von Hirshorn dazu anhalten zu lassen. Zugleich verhiess er dem Könige ihn gegen die Ansprüche seines Bruders und seines Vetters an seine Lande, Leute, Herrschaften und Erbe rechtlich sicher zu stellen; diese sollten sich an seine Erbansprüche an Niederbayern, an das Erbe seiner Tochter in Kärnthen, an das Zugelt seiner verstorbenen Gattin halten, widrigen Falles er ihr Feind sein, ihnen absagen und sie angreifen wolle, wobei ihm sein Schwiegersohn behülflich zu sein hat, ohne dessen Beistand er überhaupt mit seinem Bruder und Vetter nicht sich richten wolle, wie auch dieser es nicht ohne sein Wissen thun dürfe [1]).

König Karl traute sich auch erst nach einigen Jahren, und erst nachdem er sich mit dem Markgrafen Ludwig dem Brandenburger wiederholt ausgeglichen, und überhaupt die Wittelsbacher ganz sicher gemacht zu haben glaubte, denselben den Inhalt seiner Heurathsverschreibung bekannt zu geben, und sie zu dessen Genehmigung zu veranlassen.

Auf vorgängige Verhandlungen zu Pirna (im September 1351)[2]) vermochte Karl zu Dresden am 16. September 1351 den Markgrafen Ludwig den Brandenburger dahin, dass dieser den Pfalzgrafen Rudolf aller Gelübde und Verbündnisse, welche dieser dem Kaiser Ludwig, ihm selber und seinen Brüdern mit dem Munde oder in Urkunden gethan, entband, und zu der Aufrichtung und Gabe, die Rudolf um seine Lande und Herrschaften in der Pfalz und in Bayern dem Könige Karl und dessen Gattin, deren Kinder Söhne oder Töchter gethan, seine Einwilligung gab, und darauf Verzicht leistete, mit Ausnahme der Rechte „die ein Pfalzgraf bei Rhein hat und haben soll an der Wahl eines römischen Königs und anderen Ehren und Würden, die zu der Pfalz

---

1) Urkunde, welche im Abdrucke bei Lünig Cod. Germ. dipl. T. I S. 1130 die falsche Jahreszahl 1355 erhalten hat, aber in eine frühere Zeit gehört.
2) Denkschriften der k. Ak. d. W. Bd. 14 S. 109.

und **Kur** gehören, und der davon zu Lehen rührenden Grafschaften und Mannschaften. Stürbe Anna ohne Kinder zu hinterlassen, müssen die Lande und Herrschaften wieder heimfallen; der König und seine Erben sollen aber so lange in deren Besitz bleiben, bis ihm alles **Geld, das er dem Pfalzgrafen Rudolf geliehen hat und noch leihen wird, oder das er auf ihn gewendet hat, wieder heimbezahlt und entrichtet ist.** (Dresden, 16. September 1351)[1]).

In einer besonderen Urkunde versprach Ludwig der Brandenburger dem Könige, dessen Gattin und beider Erben, wenn sie nach Rudolfs Tode **der Lande in der Pfalz und zu Bayern** gewaltig werden, sie in allen Rechten und Gewonheiten, die Rudolf hergebracht, zu schirmen und zu halten[2]).

Die zunächst betheiligten pfälzischen Fürsten, die beiden Ruprechte gaben erst auf dem Fürstentage zu Passau im Juli 1353 ihre Einwilligung zu dieser, sie so sehr gefährdenden Verschreibung Rudolfs, unter dem nämlichen Vorbehalt, welchen Markgraf Ludwig der Brandenburger ausbedungen hatte[3]), wogegen Karl einem jeden der beiden Fürsten eine Sicherung ausstellte, im Falle seines Erbantrittes sie in ihren Besitzungen nicht zu schädigen.

Das frühzeitige und erblose Absterben der Königin Anna († 2. Febr. 1353) vernichtete keineswegs ganz und gar Karls Absichten.

Kaum war Rudolf nach acht Monaten seiner Tochter im Tode gefolgt († 4. Oktober 1353) verbriefte kurz darauf (29. Oktober) der bei dem Könige zu Hagenau anwesende Ruprecht der ältere, dass er Rudolfs sämmtliche Besitzungen in Bayern an König Karl wegen 20,000 Mark löthigen Silbers, die dieser an den Verstorbenen zu fordern hatte, abgetreten habe[4]).

XIV.

Dem Vertrage vom 4. August 1329 und dessen Bestätigung vom

---

1) Lünig C. Germ. dipl. I 1079 No. CX und Vorlegung der fideicommiss. Rechte des Hauses Pfalz-Zweibrücken Urk. S. 202 No. LX.
2) Lünig C. G. D. S. 1078 No. CLX; Pelzl K. Karl IV Urk. I 149 daraus in Riedel C. D. Brandenb. II, 2 S. 335.
3) Sommersberg Script. Access. (alias P. III) S. 57 No. XXXII. Karls Gegenverschreibungen sind ungedruckt.
4) Lünig C. Germ. dipl. I 1110 No. 132.

11. August 1338 gemäss hätte nunmehr bei der nächsten eintretenden Wahl die Führung der Stimme durch Herzog Stephan I. von Bayern, als den ältesten der ludwigischen Linie vorgenommen werden müssen. König Karl IV. sorgte jedoch dafür, dass diese nicht zu Ausübung dieses ihres Rechtes gelangen konnte.

Auf Ruprechts I. Bitte stellte er diesem ein Vidimus von Königs Johann von Böhmen Urkunde vom 18. März 1339 aus (Kaisersberg am 22. Mai 1354)[1]). Karl IV. sah wohl ein, dass diese Urkunde dem Pfalzgrafen Ruprecht zu nichts helfen könne, indem der klare Inhalt derselben bereits zum Vollzuge gekommen, und ein weiteres Recht für Ruprecht daraus nicht abzuleiten war. Da Karl IV. jedoch die Herzoge von Bayern nicht zum Wahlrechte gelangen lassen wollte, nahm er, um die Pfalzgrafen dabei zu erhalten, keinen Anstand, die Urkunde seines Vaters Johann zu verdrehen, und derselben einen ganz andern Sinn unterzuschieben, indem er behauptete, sein Vater König Johann habe in offnen Briefen beurkundet, Pfalzgraf Rudolf II. sei ein Kurfürst gewesen, und habe mit den andern Kurfürsten ein gleiches Recht gehabt an der Wahl und Kur eines römischen Königs, so oft der Fall eingetreten wäre, und dass derselbe allein solches Recht wegen der Pfalz gehabt, und Niemand Andrer. Da aber Ruprecht der ältere nunmehr der älteste unter allen Erben der Pfalz, und Pfalzgraf Rudolfs II. Bruder und nächster Erbe gewesen und dessen Lande mit der Kur und Mannschaft der Pfalz auf Ruprecht ordentlich verfallen, so habe er, Karl, mit Rath und Wissen der Fürsten des heiligen Reichs erkannt, und aus königlicher Machtvollkommenheit erläutert, dass Pfalzgraf Ruprecht der ältere ein rechter Kurfürst ist, und dass er und Niemand Andrer von der Pfalz wegen mit den andern Kurfürsten Recht hat und haben soll an der Wal und Kur eines römischen Königs, so oft es nothwendig ist.

Diese Erläuterung (in einer zu Kolmar am 22. Mai 1354 ausgestellten Urkunde enthalten)[2]), welche Karl nach seiner darin aufgestellten Behauptung doch mit Rath und Wissen der Reichsfürsten gegeben haben wollte, schickte er den Kurfürsten zu, und fügte zugleich die Formel

---

1) Tolner C. Dipl Pal. S 89 No. 137. — Roussel Suppl. as C. D. Ib S 193.
2) Tolner C. D. S. 92 No. 143.

bei, nach welcher sie ihre Willebriefe ausstellen sollten, wie diess aus dem Schreiben an den Herzog Rudolf von Sachsen hervorgeht, in welchem er diesem von Oppenheim aus am 27. Mai[1]) meldete, er habe aus Gründen der Gerechtigkeit den Pfalzgrafen Ruprecht den ältern als den wahren Kurfürsten erklärt, weshalb er ihn auffodere, da sein Verfahren rechtsbeständig sei, dass auch er den Pfalzgrafen urkundlich als Kurfürsten anerkenne.

Er scheint jedoch nicht bei allen Kurfürsten durchgedrungen zu sein, denn von Willebriefen derselben ist bisher nur der des Erzbischofs Gerlach von Mainz bekannt geworden (gegeben zu Wiesbaden am 26. Febr. 1355)[1]), aus welchem zugleich hervorgeht, dass auch der Erzbischof Wilhelm von Köln seine Zustimmung gegeben habe.

Mit dieser Erläuterung Karls wurde nicht allein das Anrecht der ludwigischen Linie beseitigt, auch das Ruprechts II. aus der rudolfinischen wurde dadurch verkürzt, im Falle Ruprecht dem ältern, welcher damals erst 44 Jahre zählte und seit 1352 in zweiter Ehe mit Elisabeth von Namur vermählt war, ein Sohn geboren worden wäre, indem dieser der Nachfolger seines Vaters auch in der Kur geworden wäre, da Karl letztern als den wahren Kurfürsten erklärt hatte, wodurch Ruprecht II., dem auch bei Umgehung der ludwigischen Linie, nach dem Hausgesetze als dem ältesten der rudolfinischen die Kur gebührt hätte, von derselben ausgeschlossen worden wäre.

Ruprecht II., wegen der Vorenthaltung seines Antheiles an der Erbschaft seines Oheims Rudolf II. ohnehin schon ungehalten, wurde denn auch alsbald mit Ruprecht dem ältern wegen dieser neuen Verkürzung entzweit.

XV.

Karl liess es bei dieser Verfügung über die pfälzische Kur nicht bewenden. Er hatte längst schon beschlossen, die Berechtigung zu den Kuren überhaupt festzustellen, namentlich die Theilstimmen und den Wechsel in denselben aufzuheben, und machte allmählich die vorbereitenden Schritte zur Ausführung seines Planes.

---

1) Lünig Reichsarchiv Part. spec. Cont. II p. 11.

Um sich vor seinem Zuge zur Krönung nach Rom mit Ludwig dem Brandenburger gänzlich auszugleichen, schloss Karl bei einer Zusammenkunft mit ihm zu Sulzbach am 1. August 1354 eine Reihe von Verträgen und verhiess in einem derselben dem Markgrafen, auf alle Ansprache an dessen Lande Brandenburg und Lausitz, und an die brandenburgische Kurstimme zu verzichten. Ludwig musste ein gleiches thun, Verzicht auf Böhmen und die böhmische Kurstimme leisten, und sich anheischig machen, auch seine Brüder zu einem solchen Verzichte bewegen, den Stephan I., als er Karl nach Rom begleitete, zu Pisa am 9. März 1355, Ludwig der Römer und Otto aber am 3. Dez. auf dem Reichstage zu Nürnberg leisteten[1]), den Karl nach seiner Kaiserkrönung dahin anberaumt hatte, um sein Vorhaben in Betreff der Kurwürden auszuführen.

Zu der höchst zahlreichen Versammlung der Fürsten hatten sich auch Ludwig der Brandenburger und Stephan I. eingefunden, und mussten hier vernehmen, wie Ruprecht der jüngere, der sich durch die Zusicherung, dass das Kurrecht ausschliesslich bei der rudolfinischen Linie verbleiben solle, hatte gewinnen lassen, in der Versammlung der Kurfürsten die Erklärung abgab, dass er seinem Oheim lebenslänglich die Kur und Stimme wohl gönne, und der Meinung sei, nur dieser und Niemand Anderer solle wegen der Pfalz für einen Kurfürsten gehalten werden, dass aber auf den Fall dessen Absterbens ohne Lehenserben, die von ihm besessenen Fürstenthümer, Lande. Leute und Mannschaften in der Pfalz und in Bayern mit sammt der Kur auf ihn, Ruprecht den jüngern, fallen sollen. Ausserdessen müsse ihm und seinen Lehens-Erben, wenn Ruprecht der ältere Lehenserben hinterliesse, sein gegenwärtiges Recht vorbehalten bleiben, und dürfe ihm Ruprecht des ältern Besitzstand keinen Schaden bringen. Der Kaiser erkannte diese in der Reichsversammlung abgegebene Erklärung sogleich an, und stellte in seiner Eigenschaft als Kurfürst, wie alle übrigen Kurfürsten gleichlautende Bestättigungsurkunden darüber aus (Nürnberg, 27. Dez. 1355)[2]).

Da Ludwig der Brandenburger und Stephan I. sahen, dass dadurch

---

[1]) Conferenz-Protokolle Beil. 16 No. XI und XII. — Riedel C. D. brandenb II. 2. 364.
[2]) Olenschlager Neue Erläut. Urk S. 3 No. III.

ihre Linie von dem Antheil an der pfälzischen Kur ausgeschlossen worden, verliessen sie sogleich die Reichsversammlung und eilten nach Ingolstadt, wohin Ludwig der Brandenburger auch seinen jüngern Bruder Ludwig den Römer berief, welcher ihm da am 1. Januar 1356 urkundlich geloben musste, dass er den Lukauer-Theilungs-Vertrag vom 24. Dezember 1351 aufrecht erhalten wolle [1]). In diesem hatte nämlich Ludwig der Brandenburger die brandenburgische Kur und das Erzkämereramt sich vorbehalten, obgleich er die Mark selber an den jüngern Ludwig abgetreten hatte.

Karl wollte aber gerade das Führen der Kurstimmen ohne Besitz des Landes aufheben, nach dem Grundsatze: dass die Kur und Stimme auf dem Fürstenthume und dem Lande, und auf dem damit verbundenen Erzamte haften, und darauf so gegrundfestet seien, dass eines ohne das andere nicht bestehen möge, und beide unzertrennlich beisammen bleiben müssen.

Dieser Grundsatz ward namentlich bei den Kurwürden der Pfalz und der Mark Brandenburg geltend gemacht, und derselbe durch Beistimmung der Kurfürsten zum Reichsgesetze erhoben, das in der goldnen Bulle seinen Ausdruck fand.

Am 7. Januar 1356 wurde demnach von dem Kaiser und den Kurfürsten verbrieft, dass Ruprecht der ältere, Pfalzgraf bei Rhein, des h. römischen Reichs oberster Truchsess und Herzog in Bayern, als in Gewähr der Stimme und der Kur an der Wahl eines römischen Königs und des Fürstenthums der Pfalz, des Truchsessenamtes, der Lande, Mannschaften und aller Zugehörungen, darauf die Kur und Stimme eines Pfalzgrafen bei Rhein gegrundvestiget ist, dabei zu belassen sei, und dass, wenn Jemand den Pfalzgraf Ruprecht um die Kur und Stimme ansprechen wolle, diese Ansprache nicht thun könne, er spreche denn auch das Fürstenthum und die Lande der Pfalz, das Truchsessenamt und die Mannschaft an [2]).

Damit war die Möglichkeit des Wechsels aufgehoben, und die Her-

---

1) Quellen VI, 465 No. 337.
2) Tolner C. D. Pal. S. 93 No. CXLIV.

zoge von Bayern von ihrem Anrechte zur Ausübung der pfälzischen Kur verdrängt[1]).

XVI.

Um sich den Besitz der Kurwürde vollends zu sichern, kamen später die Pfalzgrafen sogar auf die Idee, Karl's Verordnung über dieselbe durch den Pabst Urban VI. bestättigen zu lassen, welcher wirklich von Rom aus unterm 2. März 1381 den Kardinal-Legaten Pileus den Auftrag ertheilte, sich die Urkunde von den Pfalzgrafen vorlegen zu lassen, selbe zu prüfen, und wenn ein kanonisches Hinderniss nicht im Wege stehe, vermöge apostolischer Authorität zu bestättigen. Dieser Auftrag wurde von dem Kardinale auch vollzogen, und zu Kaub am 20. Juni eine Bestättigungsurkunde darüber ausgestellt[2]).

Die Pfalzgrafen waren zu diesem Schritte wahrscheinlich durch die ihnen nicht unbekannt gebliebene Ansicht der Herzoge von Bayern veranlasst worden, welche Karl's IV. Verordnung für ungerechtfertigt und ungültig hielten, und nur Gelegenheit abzuwarten schienen, den Wechsel in die Kur zu bringen.

Die nächste Kunde, dass sich die Herzoge von Bayern vermöge der Familienverträge unentwehrt in dem Mitbesitze der pfälzischen Kur hielten, wird uns, als nach Stephans I. Tode († 10. Mai 1375) seine Söhne Stephan II., Friedrich und Johann mit ihrem Oheim, dem Vormaligen Markgrafen Otto von Brandenburg, der sich Titel und Kurrecht der Mark vorbehalten hatte, am 29. September 1375 einen Zusammenwurf ihrer Lande und Rechte machten.

Otto brachte seine Kur in Anrechnung, erstere aber warfen die von ihrem Vater ererbte „Kur von der Pfalz" in das gemeinsame Gut.

Den Uebergang derselben an sein Haus in Ausführung zu bringen, liess sich besonders Stephan II. angelegen sein.

Bei der Wahl des Königs Wenzel im Juni 1376 war er ruhig geblieben. Als aber im Jahre 1399 die Kurfürsten sich vereinigten, diesen

---

[1] Nach demselben Grundsatze wurde auch Ludwig der Brandenburger um das brandenburgische Kurrecht gebracht.
[2] Acta acad. Pal. T. IV S. 208 No. IV.

abzusetzen, verband er sich auf einer im September dieses Jahres zu Mainz stattgehabten Versammlung neben dem Markgrafen von Meissen, dem Landgrafen von Hessen, Burggrafen Friedrich von Nürnberg mit denselben „umbe einen andern Romischen könig zu erwelen und zu setzen."

Am 1. Februar 1400 trat er dann zu Frankfurt dem weitern Beschlusse der Kurfürsten bei, dass der zu wählende König nur aus den Häusern: Bayern, Sachsen, Meissen, Hessen, der Burggrafen von Nürnberg oder der Grafen von Würtemberg sein dürfe; er wohnte hierauf dem von den Kurfürsten ebendahin (Frankfurt) anberaumten Reichstage bei (Juny 1400), und war am 21. August desselben Jahrs zu Rense gegenwärtig, als Pfalzgraf Ruprecht zum römischen Könige erwählt wurde. Der am Tage vorher (Freytag) zu Ober-Lahnstein vor sich gegangenen Absetzung Wenzels hatte er nicht beigewohnt.

Die Erledigung des Reichs durch König Ruprechts unvermutheten Tod († 18. Mai 1410) gab dem Herzoge Stephan II. ubermal Gelegenheit seine Versuche zu Geltendmachung des Wechsels in der pfälzischen Kur zu erneuen.

Während Erzbischof Johann von Mainz auf 1. September einen Wahltag nach Frankfurt anberaumte, lud Erzbischof Friedrich von Köln die Kurfürsten zu einer Vorbesprechung nach Rense ein. Auf dieser Versammlung, an welcher jedoch nur die rheinischen Kurfürsten Theil nahmen, erschien auch Stephan, um vorläufig seine Ansprüche zu begründen, gerieth aber natürlich mit Kurfürst Ludwig von der Pfalz in Streit, ohne einen Erfolg zu erzielen.

Uebrigens zeigten sich hier schon die Keime der unter den Kurfürsten drohenden Spaltung, bei welcher Kurfürst Ludwig, den Ränken des Erzbischofes Johann von Mainz zuvorkommend, im Vereine mit dem Erzbischofe von Trier den König Sigmund von Ungarn zum deutschen König wählte (20. Sept. 1410) während Erzbischof Johann von Mainz mit dem Erzbischofe Friedrich von Köln und den übrigen Kurfürsten den Markgrafen Jobst von Mähren als Gegenkönig aufstellte, durch dessen baldigen Tod († 8. Jan. 1411) der Erzbischof Johann eine neue Wahl für nöthig hielt, bei der er sich durch Unterstützung der Ansprüche des Herzogs Stephan II. an die Kur an Pfalzgraf Ludwig wegen dessen

Durchkreuzung seiner Pläne zu rächen suchen wollte. Am Abende des Fronleichnamsfestes (11. Juni) kam Johann von Höchst aus zu Schiffe nach Mainz, und stellte, als ihn Tags darauf der Frankfurter Rath empfing, an diesen das Ansinnen, den Herzog Stephan von Bayern in die Stadt zu lassen, wogegen der zugleich angekommene Erzbischof von Trier Einsprache erhob.

Da sich jedoch der Erzbischof von Mainz nochmals für ihn verwendete, indem derselbe sich der Kur nicht unterziehen wolle, liessen die Bürgermeister, obgleich sie noch einige Bedenken vortrugen, den Herzog als einfachen Fürst, und nicht als Kurfürst ein (15. Juni), wo er auch blieb, während beide Erzbischöfe wieder abreisten, da die Wahl erst später stattfinden sollte.

Als aber am 10. Juli die Gesandten des Erzbischofs von Trier und des Pfalzgrafen Ludwig ankamen, und Stephans Anwesenheit erfuhren; erkundigten sie sich sogleich, welcher Massen Herzog Stephan eingelassen worden sei, ob als Kurfürst oder nicht, worauf ihnen der Frankfurter Rath den Hergang der Sache eröffnete.

Aber noch desselben Tags (11. Juli) kamen Pfalzgraf Ludwigs Gesandte zu den Bürgermeistern und etlichen des Raths, und verlangten des Herzogs Stephan Ausweisung, welche demselben auch alsbald angekündigt wurde.

Tags darauf (Margarethen Abend 12. Juli) gingen die Bürgermeister mit dem Schultheissen zu dem Bischofe von Würzburg und dem Burggrafen Johann von Nürnberg und baten dieselben, nachdem sie gestern auf der Räthe Pfalzgrafs Ludwig Verlangen und in Folge ihrer Eide und Verpflichtung den Herzog Stephan ausgewiesen, diesen zu bereden, fortzuziehen, damit Bürgermeister und Rath nicht zu weiterem veranlasst seien.

Die anwesenden Fürsten waren über das Verfahren des frankfurter Raths sehr ungehalten, so dass sich die Mainzischen Gesandten, welche am Abende ihrer Ankunft (11. Juli) dasselbe erfuhren, am andern Tage sogleich den Rath zu Rede stellten, und drohten, wenn die Frankfurter so hochmüthig gegen die Fürsten verführen, dass man die Wahl anderswohin verlegen werde, da überdiess dem Erzbischofe von Mainz und nicht den Frankfurtern das Ausschaffen zustehe. Die pfälzischen und trierischen

Gesandten bestanden jedoch auf der Ausweisung Stephans und zwar durch die Frankfurter.

Dem Ansinnen des Rathes an den Bischof von Würzburg und an den Burggrafen von Nürnberg, den Herzog Stephan zur Abreise zu bereden, entsprach nur der Burggraf. Als die Räthe Montags früh (13. Juli) zu ihm kamen, beschied sie der anwesende Herzog Stephan auf Nachmittag in seine Herberge, und begehrte, dass sie auch die jungen Bürger mitbrächten, die mit ihm hier gehofet und getanzt, damit diese auch seinen Glimpf und Unglimpf hörten. Also gingen die Räthe zu ihm gen den Spangenberg. Da liess Herzog Stephan des Kaisers Theilbrief des Landes und über die Kur, dann die Willebriefe der Kurfürsten verlesen, und erbot sich zum Austrage. Dabei war auch Stephans Neffe Herzog Ernst von Bayern, Burggraf Johan und Graf Friedrich von Oettingen. Ernst äusserte: er habe von dieser Angelegenheit nicht gewusst, sey auch desshalb nicht hier, sondern in des Königs von Böhmen Botschaft. Den Burggrafen und den Grafen von Oettingen nahmen aber die Rathsfreunde bei Seite, liessen sie die Stelle der goldnen Bulle hören, und baten sie, den Herzog zum Fortziehen zu bewegen, wozu sich dieser denn endlich auch entschloss, aber von dem Rathe sicheres Geleite und noch einige Tage Verzug verlangte, den jedoch die pfälzischen und trierischen Gesandten nicht gewährten, dagegen dem Herzoge achttägigen Frieden zusicherten.

So zog also Stephan „vormittag uff Divisionis Apostolorum (15. Juli) von hinnen, mit Hinterlassung einiger Knechte um die Rechnung zu bezalen, jedoch ohne sich in die Kur oder des Reichs Tractate zu mischen.

Von Mainz aus beschwerte sich am folgenden Tage Herzog Stephan bei den Kurfürsten wider Pfalzgraf Ludwig, der ihn an der Kur irre, die jetzt ihm als dem ältesten des Hauses gebühre, mit der Bitte seine Rechte vor ihnen erweisen zu dürfen, indem er denselben zugleich Abschriften der Verträge über die Kurwürde zusendete [1]. Aber damit hatte es sein Bewenden.

---

[1] Janssen Frankfurts Reichscorrespondenz B. I. 218 No. 428.

König Sigmund, in der auf den 21. Juli neuen angesetzten Wahl einstimmig erkoren, belohnte Pfalzgraf Ludwigs Bemühung um seine Erhebung auf den deutschen Thron am Tage seiner Krönung zu Achen am 8. Nov. 1414 durch Bestättigung des Kurrechtes, da schon die drei Ruprechte als wahre Kurfürsten von ihren Mitkurfürsten anerkannt worden seien, und auch das Wahlrecht geübt hätten, das nun in absteigender Linie auf den Erstgebornen überzugeben habe[1]). Im Jahre 1434 fand sich der Kaiser veranlasst diese Bestättigungsurkunde zu Basel am 8. März dem Kurfürsten Ludwig in deutscher und lateinischer Ausfertigung zu wiederholen[2]).

XVII.

Die Herzoge von Bayern liessen sich jedoch von ihren Ansprüchen auf die Kurwürde nicht abwendig machen, und wandten sich desshalb bei Gelegenheit des Konzils zu Konstanz an den Kaiser Sigmund, bei welchem sie es auch durchsetzten, dass dieser fünfthalb Monate nachdem er der pfälzischen Linie zu Achen die Kur bestättigt hatte, dem Herzog Ludwig von Bayern Ingolstadt, welcher seinem Vater Stephan II. am 2. Oktober 1414 nachgefolgt war, eine Anerkennungs-Urkunde über dessen Kur-Anrecht verlieh, vorbehaltlich des Rechtes des Pfalzgrafen Ludwig als damaligen Kurfürsten[3]).

---

1) Tolner C. D. Palat. S. 93 No. CXLV. — Sämmtliche Kurfürsten gaben hierzu ihre Willebriefe: Herz. Rudolf von Sachsen am 28. Febr. 1415; Erzb. Johann v. Mainz am 11. Mai 1418; Erzb. Werner von Trier am 30. Mai 1418; Erzb. Dietrich von Köln am 25. Juli 1418; Markgr. Friedr. v. Brandenburg am 6. Nov. 1418 und nachmals auch Erzb. Konrad von Mainz am 8. Juni 1420. — Sämmtliche Willebriefe sind in dieser Reihenfolge abgedrukt in der gründl. Deduction des J. C. D. zu Pfalz auf die Succession in dem Herzogthum Zweibrücken etc. Beil. No. XVI bis XXI.

2) Gründliche Deduktion Beil. S. 40 No. XV, Tolner C. D. Pal. p. 96.

3) Kaiser Sigmund beurkundet zu Konstanz am 23. März 1415: „das für uns komen ist der hochgeborn Ludwig pfalczgrave bei Rine und herczog in Bayern und grave zu Mortein, unser lieber Oeheim und fürste und hat an uns begehrt, das wir im die kure und wale des richs, als das mit taile von sinen eltern und vordern an in komen sy und andere sine lande und herschaften, die dann von uns und dem heiligen Romischen Riche czu lehen rürent, was wir im dann daran von Rechts verlihen sollen, czu verlihen gnadiclich geruhen. Das haben wir angesehen redlich bete und auch gancze und lutere true, die der vorgenant herczog Ludwig czu uns und dem heiligen Romischen Riche hat, und darum haben wir im alles das, was wir im von rechtswegen lihen sollen, gnediclich verlihen, und verlihen im

In derselben Fassung und mit der gleichen Klausel[1]) erhielt auch Herzog Heinrich der Reiche von Landshut damals, am 4. Juni 1415 von dem Kaiser eine solche Anerkennungsurkunde[2]).

Herzog Heinrich von Landshut liess sich von Kaiser Friedrich III. diese Urkunde bestättigen (zu Salzburg am 30. Januar 1443)[3]) und als er nach Ludwigs von Ingolstadt Tode († 1. Mai 1447) dessen Lande geerbt hatte, wiederholte ihm der Kaiser Friedrich III. zu Wien am 4. März 1448 die Kur-Belehnung zu seinem Rechte, jedoch andern an ihren Rechten unvergriffen[4]).

Nach Heinrichs Absterben († 30. Juli 1450) bewarb sich sein Sohn Ludwig der Reiche um die gleiche Bestättigung, die er von dem Kaiser Friedrich zu Neuenstatt am 22. März 1451 auch erhielt[5]).

Als auch Ludwig aus diesem Leben abgeschieden war, wurde sein Sohn Georg der Reiche auf dieselbe Weise von dem Kaiser Friedrich am 22. Mai 1480 zu Wien, und später von dem Kaiser Maximilian I. am 7. September 1495 zu Worms, in diesem Kur-Anrechte, als von seinen Vodern, namentlich von seinem Grossvater Heinrich und seinem Vater Ludwig erblich auf ihn übergegangen bestättigt[6]).

Die Münchner Linie der Herzoge von Bayern hatte bisher unterlassen, sich um ähnliche Beurkundungen zu bewerben.

Als aber Herzog Albrecht IV. zur Regierung kam (1464 in Gemeinschaft mit seinem Bruder Sigmund) suchte auch er bei dem Kaiser Friedrich III. eine solche Anerkennung zu erlangen, und erhielt von diesem am 1. Oktober 1466 zu Grätz ausser seinem allgemeinen Be-

---

das auch in crafft diss brieffs, doch uns und dem heiligen Römischen Riche, unsern mannen und sust ydermann und besunder herzog Ludwigen pfalczgraven by Rine und hercsogen in Bayern, und herczog Ludwigen auch pfalcsgrafen by Rine, dem genannten, in beiden und ir iglichem unschädlich an jren rechten." Reg. Boic. XII 191.

1) „Doch uns und dem Riche, unsern Mannen und sust ydermann und besunder herzog Ludwigen pfalcsgraven by Rin und hercsogen in Bayern, und herczogen Heinrichen auch pfalcsgraven by Rin und herczogen in Bayern, dem egenanten, in beiden und ir iglichem unschedlichen an unsern und iren rechten."
2) Zusammentragung I 142 No. 29.
3) Zusammentragung II 212 No. 52.
4) Zusammentragung II 214 No. 53.
5) Zusammentragung II 215 No. 54.
6) Zusammentragung II 236 No. 59.

lehnungsbriefe, auch noch eine besondere Urkunde, worin ihm der Kaiser mit Wissen und Rathe der Fürsten „die Pfalz", seine Lande im Obern- und Niedern-Bayern, und alle andern Herrschaften bestättigte. Die Kur wird darin nicht erwähnt, dafür aber das Land genannt, auf welcher sie haftete.

Bei der alsbald nach Herzog Georgs von Landshut Tode († 1. Dez. 1503) erfolgten Belehnung Albrechts IV. und Wolfgangs mit des Verstorbenen Landen durch Kaiser Maximilian I. zu Ulm am 9. Dezember 1503, führte dieser in dem Eingange der Urkunde zwar an, der Herzog Albrecht habe ihn gebeten, ihm und seinem Bruder Wolfgang die von Herzog Georg hinterlassenen Regalien und Lehen namentlich die Kur und Wahl sammt allen Fürstenthümern zu leihen, in der darauf folgenden Belehnungsformel unterliess er aber die Kur und Wahl zu erwähnen[1]).

Als sich über eben diese von Herzog Georg hinterlassenen Lande ein Streit erhob, und der junge Pfalzgraf Ruprecht, Georgs Schwiegersohn, über des Kaisers Maximilian unerhörte Forderungen einen Krieg begann, worin ihn sein Vater Kurfürst Philipp unterstützte, schickte sich Maximilian alsbald an, diesem die Landvogtei Elsass, die Pfandschaften Zell, Gengenbach und Offenburg mit Gewalt der Waffen zu entreissen, und sprach offen aus, den Kurfürsten Philipp als Strafe der Kurwürde entsetzen zu wollen.

Der von Westerstetten, Pfarrer von Straubing, welcher sich damals aus Herzog Albrechts Auftrag bei dem Kaiser aufhielt, setzte von Gengenbach aus, an demselben Tage, an welchem diese Stadt vom Kaiser war eingenommen worden, den Herzog von dieser Absicht in Kenntniss[2]), und machte denselben aufmerksam, dass bereits die Herzoge Heinrich, Ludwig, Georg und Albrecht selber die Kur begehrt hätten, und laut der Lehenbriefe damit beliehen worden seien. Der Herzog solle daher im Falle er nach der Kur trachte, auf den beabsichtigten Reichstag Abschriften von den Lehenbriefen senden, wenn man deren bedürfte.

In einem zweiten Schreiben muss der von Westerstetten ein anderes

---

1) Zusammentragung 202 No. 58 mit der falschen Jahrzahl 1403.
2) Landtagshandlungen Bd. 14 S. 725—729.

Gerücht über des Kaisers Absicht dem Herzoge mitgetheilt haben, denn dieser eröffnete vom Feldlager vor Neuburg an der Donau aus (unterm 13. August 1504) seinem Kanzler Dr. Johann Neuhauser: der von Westerstetten habe ihm in geheim geschrieben, der Kaiser wolle dem alten Pfalzgrafen die Kur entwinden, und dessen ältern Sohn Pfalzgraf Ludwig, ihm [Albrecht] oder dem Herzoge Georg von Sachsen leihen. Albrecht ertheilte ihm den Befehl, weil die Kur immer bei dem Hause Bayern gewesen, Abschriften von Herzog Georgs und von seinem Lehenbriefe über dessen Fürstenthümer, auch der alten Verträge wegen der Kur dem Dr. Lupfdich zu dem Tage in Frankfurt, oder dem von Westerstetten zur Uebermittlung an diesen zu überschicken, mit dem Auftrage, wenn auf dem Reichstage der Kur halber etwas gehandelt würde, dass er dann im Namen des Herzogs bäte, der Kaiser möge die Kur ihm oder dem ältern Sohne des Pfalzgrafen verleihen, und dem Hause Bayern nicht entziehen.

Neuhauser ging sogleich die alten Verträge durch und berichtete schon unterm 15. August dem Herzoge über deren Inhalt, und wies darauf hin, dass vermöge des siebenten Kapitels der goldnen Bulle die Kur nicht mehr in Wechsel kommen solle, und für immer der Pfalz zugewendet worden, deren Fürsten darin einander zu folgen hätten, indem stets in absteigender Linie der älteste Sohn in der Kurwürde nachfolgen, und solbe erst im Falle kein Sohn vorhanden, an die Agnaten und Seitenerben fallen dürfe.

Im Falle also Pfalzgraf Philipp der Kur entsetzt würde, sei dessen Sohn Ludwig, Albrechts Eidam, billiger Weise vor andern als der erstgeborne in der Nachfolge zu belassen, und im Falle dieser die Kur auch verwirkt hätte, was Neuhauser jedoch nicht glaubt, da Ludwig an dem Kriege nicht Theil nahm, dessen nächstältester Bruder Philipp, welcher an dem Kriege auch nicht betheiligt, aber im geistlichen Stande ist; hätten aber alle Brüder die Kur verwirkt, müsse sie an die nächsten Agnaten, entweder Alexander von Veldenz oder Johann von Sponheim übergehen.

Obgleich Kurfürst Philipp in Rebellion gegen den Kaiser stehe, und Majestäts-Verbrecher sei, könne der Kaiser dessen Söhne aus Gnaden und Machtvollkommenheit mit der Kur bedenken. Ausserdem wäre er schuldig, die Kur einem Fürsten von Bayern am Rhein zu leihen, und nicht ermächtigt, selbe an einen andern Fürsten zu wenden, besonders nicht an Sachsen, das ohnehin schon eine Kur hat. Aber erst wenn all pfälzische Fürsten der Kur unfähig wären, erst dann und „vor nit" möchte dem Herzoge die Kur vom Kaiser füglich und ohne künftigen Widerstand geliehen werden.

Das Gutdünken des Kanzlers ging desshalb dahin, der Herzog möge die Kur, im Falle Philipp deren entsetzt würde, für seinen Eidam zu erlangen suchen, und nicht zuerst für sich selber. Der Kanzler fügte noch bei: er stellte es zwar in des Herzogs Willen, aber er könne ihn keines starken Grundes vertrösten, dass er die Kur ohne Irrung behalten möge.

Diesem Gutachten zufolge wurde am 15. August statt des erkrankten Dr. Lupfdich der Probst und Dechant Lic. Eysenreich nach Frankfurt beordert und im Betreffe der Kur ihm der Auftrag gegeben: für den Fall, wenn der Kaiser den Kurfürst Philipp dieser Würde entsetzte vor allem darauf zu dringen, dass sie dem Pfalzgrafen Ludwig verliehen würde; erst wenn der Kaiser dieses durchaus nicht zugeben würde, solle sie für Herzog Albrecht und seine Söhne nachgesucht werden.

Der Kaiser hatte aber hinsichtlich der pfälzischen Kur längst anderes beschlossen.

Schon im Jahre 1503 hatte er an die Kurfürsten das Ansinnen gelangen lassen, seinen Sohn Philipp als Erzherzog und Grafen von Tyrol in das Kurkollegium aufzunehmen, und den Kurfürsten, die sich dieses als eine verfassungswidrige Neuerung verbaten, versprochen, in sie wegen Aufnahme seines Sohnes in das Kurkollegium nicht mehr dringen zu wollen. Jetzt fand er beste Gelegenheit seinen Sohn auf eine andere Weise in die Zahl der Kurfürsten zu versetzen.

Noch ehe der Reichstag seinen Anfang nahm, liess er am 19. Aug. 1504 zu Strasburg eine Urkunde ausfertigen, worin er den Kurfürsten seiner Güter und Lehen für verlustig erklärte, denselben der Kurwürde entsetzte, und diese „aus kaiserlicher Machtvollkommenheit" seinem

---

1) Acta acad. Pal. IV S. 213 No. VI vgl. Zeitschrift für Bayern 2. Jahrg. Bd. IV S. 314.

Sohne, Erzherzog Philipp und dessen Nachfolger verleihend auf Tirol übertrug, für das er unter gänzlicher Aufhebung des Erztruchsessenamtes ein neues Erzamt, das eines Erzhofmeisters schuf.

Wie es scheint, fürchtete der Kaiser deshalb bei den Kurfürsten auf zu grossen Widerstand zu stossen, und brachte seinen Plan nicht zur Ausführung.

Schon am 10. September 1504 traf er, gegen Herzog Albrechts Willen mit dem Kurfürsten Philipp einen Separatfrieden, worin der Kur und der Abtretung derselben mit keiner Silbe erwähnt wird.

Als Kaiser Maximilian am 2. März 1516 zu Trient die Herzoge Wilhelm und Ludwig belehnte, geschah dieses nach der Formel des Lehenbriefes für ihren Vater von dem Kaiser Friedrich III. vom 1. Okt. 1466, den er einfach in seine Urkunde aufnahm, und auf eignes Bitten gab er den Brüdern am 19. Juni 1517 zu Frankfurt auch einen besonderen Lehenbrief in der Form, welche er am 9. Dez. 1503 bei ihren Vater Albrecht angewendet hatte, welche dann von Kaiser Karl V. am 9. Febr. 1521 zu Worms wiederholt wurde.

XVIII.

Da diese neuen Belehnungsbriefe zu Behauptung der Kuranwartschaft nicht mehr genügend erschienen, wurde ein anderer Plan ausgedacht, den Wechsel in der Kur einmal zur Geltung zu bringen, wozu die pfälzischen Fürsten durch Anerkennung der über den Kur-Wechsel vorhandenen Urkunden selber die Hände bieten sollten.

Die Gelegenheit hiezu wurde im Jahre 1524 auf dem Reichstage zu Nürnberg gesucht, wo den daselbst anwesenden Pfalzgrafen der Antrag auf Erneuerung der ältern Erbvereine gestellt, und von diesen auch angenommen wurde.

Am 15. März kam dieser neue Erbverein zu Stande, in welchem der Vertrag von Pavia, worin der Wechsel in der Kur ausgesprochen war, und die Theilungsurkunde von 1392 zu Grunde gelegt, sodann gegenseitige Hülfe und Beistand zu des gemeinschaftlichen Hauses Gedeihen zugesagt wurden.

In einem Nebenvertrage wurde bestimmt, dass die alten Einigungen Bündnisse und Theilungsbriefe allen andern vorgehen und selbe derogiren sollen. Zu diesem Behufe sollten sie in einem Libelle gesammelt, und dasselbe, damit es in und ausser Recht desto kräftiger sei, durch den Bischof Philipp von Freising vidimirt werden.

Der Bischof entledigte sich alsbald dieses Auftrages, und nahm in das vom 29. April 1524 datirte Libell zehn Urkunden auf: voran den Vertrag von J. 1329, dann die Willebriefe Johans von Böhmen und Rudolfs von Sachsen vom J. 1333, Markgrafen Ludwigs von Brandenburg über den Kurwechsel v. J. 1338, Erzbischof Balduins von Trier v. J. 1340 und Rudolfs von Sachsen v. J. 1338 beide gleichfalls den Kurwechsel betreffend; die drei übrigen Urkunden betrafen die bayrischen Theilungen.

Mit diesem Instrumente in der Hand hoffte Herzog Wilhelms Kanzler Eck, von welchem ohne Zweifel der Anstoss zu diesem Unternehmen ausgegangen war, seinem Herren bei nächster Gelegenheit die Kur zuzuwenden.

XIX.

Die Anwartschaften auf die pfälzische Kur, welche die bayrischen Herzoge von den Kaisern erhalten hatten, waren den pfälzischen Fürsten fast ganz unbekannt geblieben. Nur eine unbestimmte Kunde hatten sie erhalten, dass Maximilian († 1519) den Herzogen Wilhelm und Ludwig die Kur auf künftigen Fall verliehen haben solle.

Da die von Ludwig dem Bärtigen abstammende Kurlinie ohne Hoffnung auf männliche Erben sich befand — Kurfürst Ludwig V. lebte seit 1511 in kinderloser Ehe, sein Bruder Friedrich hatte erst 1535, fast 53 Jahre alt geheurathet, die übrigen waren in den geistlichen Stand getreten, ihre Neffen Ott Heinrich und Philipp von Neuburg lebten unvermählt, — fanden sich deren nächste Agnaten die Pfalzgrafen Johann von Sponheim (Simmern) und Ruprecht von Veldenz (Zweibrücken), im Jahre 1541 im KlosterDisibodenberg zusammen, um in Bedacht zu ziehen, wie sie es im Falle der Kur-Erledigung halten wollen, um sich der Ansprüche Herzog Wilhelms und dessen Bruders zu erwehren. Sie verglichen sich da am 21. Febr. zugleich im Namen ihres minderjährigen Vetters Pfalzgrafen Wolfgangs von Zweibrücken die Kur und die damit verbundnen Lande auf gleiche Kosten in ihren gemeinsamen Besitz zu bringen, daraus zwei Theile zu machen, die Kur mit Zugehör auf eine

Seite, die übrigen Erblande auf die andere zu legen; würden letztere am Werthe minder ertragen, soll der Abgang von dem Besitzer der Kur aus den Kurlanden oder seinen Erbstücken erstattet werden. Der älteste Fürst hat die Wahl, die Kur anzunehmen oder nicht, sie soll aber bei dem Stamme bleiben, dem sie zu Theile wird; nach dem Aussterben desselben soll sie auf den ältesten Fürsten des andern Stammes fallen.

Das anfängliche Vorhaben, des Kurfürsten Rath zu erholen, ob sie der Herzoge von Bayern Kur-Empfangung mittelst öffentlicher Protestation oder durch andere Mittel begegnen sollten, gaben sie auf, und entschlossen sich weder den Kurfürsten um Rath noch den Kaiser um Belehnung anzugehen, oder zur Zeit sonst etwas der Kur halber vorzunehmen, vielmehr alles geheim zu halten, wohl aber diese Abrede noch weiter in Erwägung zu ziehen, und zu geeigneter Zeit die nothwendigen Verschreibungen deshalb aufzurichten[1]).

XX.

Was die Pfalzgrafen erst auf den Abgang der kurfürstlichen Linie von Herzog Wilhelm besorgten, trat gleich nach Kurfürst Ludwigs Ableben († 16. März 1544) ein.

Kaum hatte Herzog Wilhelm den Todfall des Kurfürsten vernommen, als er den Grafen Ladislaus von Haag und den Dr. Johann Stockhamer mit Vollmachten (dd. München 28. März 1544) an den Kaiser und an die Kurfürsten, sowie an den Pfalzgrafen Friedrich als den nächsten Erben zur Kurwürde nach Speyer entsendete, um erstere unter Berufung auf die Hausverträge und dazu erhaltene Willebriefe der Kurfürsten zu vermögen, ihn zur Kur zu lassen, mit Erbietung die Original-Briefe in Vorlage zu bringen, doch dass inzwischen Pfalzgraf Friedrich nur vorbehaltlich von Wilhelms Gerechtsamen und auf den Entscheid durch den Kaiser und die Kurfürst zugelassen werden solle.

Den Pfalzgrafen Friedrich hatten die Gesandten auf den Nürnberger Vertrag vom J. 1524 hinzuweisen, dem zufolge die Kur nach Ludwigs Absterben dem Herzoge Wilhelm zustünde. Friedrich möge sich der

---

1) Lünig Reichsarchiv P. spec T. IV p. 661.

Kur entschlagen und den Herzog Wilhelm unverhindert dazu gelangen lassen. Habe Friedrich gegründete Ursache, möge er sie dem Herzoge anzeigen; wolle Friedrich längern Bedacht nehmen, und behufs Zusammenschickung der Räthe Aufschub begehren, wäre der Herzog auch nicht entgegen, jedoch dass Friedrich einen Revers ausstelle: sein Werben um die Kur solle dem Herzoge an dessen Gerechtsamen unschädlich sein. Lässt sich Friedrich dazu herbei, haben die Räthe sich mit ihm eines weitern Tages zu vergleichen, auf welchem die Fürsten persönlich erscheinen oder ihre Räthe schicken sollen, wobei sich Wilhelm aller Billigkeit gemäss weisen lassen wolle. Würde Friedrich keinen der Vorschläge annehmen, sollten die Räthe ihm anzeigen, er möge es ihrem Herren nicht verargen, wenn dieser seine Gerechtsame bei dem Kaiser und den Kurfürsten suchte.

Der Kaiser nahm auf der bayrischen Gesandten Vortrag keine Rücksicht, und gab ihnen, da sie gegen die Belehnung des Pfalzgrafen Friedrich mit der Kurwürde Verwahrung einlegten, einfach ein Bekenntniss, dass die geschehene Belehnung dem Herzoge an seinen Gerechtsamen unschädlich sein solle (6. April 1544)[1]).

Wilhelm liess sich dadurch nicht abschrecken, und ertheilte von München aus (unterm 17. April) den Gesandten den Befehl, bei dem Kaiser unter erneutem Vortrage der bayrischen Ansprüche auf die Kur die Bitte zu stellen, den Herzog, ungeachtet Friedrich ihm zuvorgekommen, zu seinem Rechte zu belehnen. Den etwaigen Einwurf, dass die goldne Bulle entgegen stünde, sollten die Gesandten damit abweisen, dass diese Bulle der Herzoge Rechte nicht habe aufheben können; es hätte dieses wörtlich ausgedrückt werden und aus kaiserlicher Machtvollkommenheit, gleichwie mit Wissen und Willen der Kurfürsten und der Betheiligten geschehen müssen; davon sei aber in der goldnen Bulle nichts enthalten, und desshalb habe sie auch den Herzogen von Bayern an ihren Gerechtsamen nichts benemen mögen. Die goldne Bulle werde ohnehin nicht in allen ihren Bestimmungen gehalten, und wenn auch, stünde doch entgegen, dass die Pfalzgrafen den Vertrag von Pavia und dessen Bestättigungen auf's neue als maasgebend anerkannt hätten.

---

1) Vorlegung Urk S. 56 No. XXII

Auch den neuen Kurfürsten Friedrich, welchem jedoch Wilhelm
den gebührenden Titel in seiner Credenz versagte, mussten die Gesandten
in Heidelberg aufsuchen, um eine erneute Werbung anzubringen.
Dieser wiederholte aber die schon auf dem Reichstage zu Speyer
gegebenen Bescheid: er wolle, wenn Jemand ihn der Kurwürde halber
anzusprechen vermeinte, vor Kaiser und Kurfürsten Rede und Antwort
geben.

Dadurch keineswegs entmuthigt, fertigte Wilhelm unterm 6. Juli
1544 von Krandsberg aus einen neuen Gesandten an Kurfürst Friedrich
in der Person des freysingischen Hofmeisters Sebastian Nothaft ab,
welcher neben der Wahlangelegenheit auch wegen 32,000 Gulden
Heurathgutes und 5000 Gulden Morgengabe, auf welche Wilhelm nach
Kurfürst Ludwigs Ableben Anspruch hatte, verhandeln sollte.

Da Friedrich gerade im Begriffe stand, in seinen herobern Landen
die Huldigung einzunehmen, ging Nothaft statt nach Heidelberg nach
Bamberg, wohin, wie er erfahren hatte, Friedrich auch kommen sollte,
und wo er ihn auch traf.

Als Friedrich bei der dem Gesandten ertheilten Audienz aus der
Ueberschrift des Credenzbriefes ersah, dass ihm der gebührende Titel
nicht gegeben werde, wollte er ihn nicht annehmen, noch weniger auf-
brechen, liess jedoch nach Besprechung mit seinen Räthen, den
Gesandten seinen Auftrag vorbringen, worauf er hinsichtlich der Wahl
entgegnete: er habe schon früher darauf geantwortet, und lasse es dabei
beruhen.

Der Herzog wendete sich noch mehrmal schriftlich an den Kurfürsten, die Schreiben wurden aber wiederholt wegen Mangel des ent-
sprechenden Titels zurückgeschickt.

XXI.

Dieses unermüdliche Zudrängen Herzog Wilhelms zur Kur, veranlasste das pfälzische Haus zu Wahrung seiner Rechte sich näher zu
vereinigen. Es traten daher Kurfürst Friedrich, Ott Heinrich für
sich und seinen Bruder Philipp, Johann II. Graf von Sponheim, Wolfgang der ältere, Statthalter, Wolfgang Graf von Veldenz für sich und
seinen Mündel Johan Georg von Veldenz am 11. Februar 1545 zu

Heidelberg zusamen, und fassten da den Beschluss, um überhaupt die
Kurwürde und das Erztruchsessenamt bei der pfälzischen Linie zu erhalten, und dass das Fürstenthum der Pfalzgrafschaft, wie es die Kurfürsten bisher besessen, nimmer getheilt und zertrennt werde die
nöthigen Schritte zu thun, und zu diesem Zweck den Kaiser anzugehen,
ihnen die goldne Bulle und Kaiser Sigmunds Privilegium im Betreffe der
Kur, des Erztruchsessenamtes und der Pfalzgrafschaft am Rhein zu bestättigen, die Willebriefe der Kurfürtten darüber auszubringen, für die
Agnaten Johann und Wolfgang und deren Pflegsohn die Mitbelehnung
nachzusuchen, damit sie, im Falle die Fürsten der gegenwärtigen kurfürstlichen Linie Friedrich, Ott Heinrich, Philipp und Wolfgang der
Altere ohne männliche Leibeserben Todes verführen, als nächste rechte
Erben zu ihrer Erbsgerechtigkeit kommen mögen und die Mitbelehnung
im Falle der Nothwendigkeit für Ott Heinrich, dessen Bruder Philipp
und für Wolfgang Statthalter zu empfangen[1]).

XXII.

Herzog Wilhelm hinwieder setzte seine Versuche ununterbrochen
fort, und obgleich ihm die auf den Reichstag nach Worms — im März
1545 — gesendeten Räthe Dr. Stockhamer und Seld von da aus berichtet
hatten, dass der Kaiser sein Benehmen gegen den Kurfürsten wegen der
Kur ungerne sähe, und zur Entscheidung dieser Ansprüche auf künftigen
Reichstag ein besonderes Rechtsverhör anordnen wolle, schickte Wilhelm
noch vor geendigtem Reichstage den Bonaventura Kurss nach Brüssel
an den kaiserlichen Hof, um seine Werbung wegen der Kur zu betreiben.
Dieser erhielt aber von dem Bischofe von Arras eine schlechte Antwort.

Inzwischen hatte Landgraf Philipp von Hessen diese Irrung zwischen
dem Pfalzgrafen Friedrich und dem Herzoge Wilhelm vernommen, und
sich, in Anbetracht, dass dieses unter den bestehenden geschwinden und
sorglichen Läufen nicht gut sey, in einem Schreiben aus Kassel am
2. September an den bayrischen Kanzler Leonhard von Eck erboten,
vermittelnd einwirken zu wollen, da, wenn anders die Kriegsläufe ihn

---

[1]) Tolner Cod. dipl. S. 106 No. 222 Zusammentragung II S. 272 No. 64

nicht verhindern würden, er im nächsten Oktober seine Tochter, Pfalzgrafen Wolfgangs von Veldenz Gemahlin, heimführen wolle, und Pfalzgraf Friedrich vielleicht dahinkommen möchte.

Im Falle nun zu handeln wäre, dass Pfalzgraf Friedrich und seine Agnaten der Kur halber von dem Herzoge von Bayern unangefochten bleiben, diesem aber dagegen eintrettenden Falles ihre Stimmen zu höhern Aemtern und Dignitäten geben, oder dass Pfalzgraf Friedrich dem Herzoge Wilhelm für seine Foderung Schloss, Amt und Stadt Neuburg an der Donau abtreten solle, biete er seine Vermittlung an; wäre es aber dem Herzoge nicht genehm, wolle er es unterlassen, und die Sache nicht böser machen, wo er sie nicht besser machen könnte.

Durch Ecks Anwort (dd. München 15. Sept. 1545): Herzog Wilhelm wolle an seiner Ansprache zu der Kur nichts begeben, wenn es gleich auf seiner Seite an beständiger Freundschaft nicht ermangeln soll, sah sich Landgraf Philipp vorläufig ausser Stande, weitere Schritte zur Verständigung zu thun.

Aber nach Verlauf von sieben Monaten fand sich Herzog Wilhelm veranlasst, selber den Landgrafen Philipp um Vermittlung bei dem Kurfürsten Friedrich anzugehen (14. April 1546), die der Landgraf zwar versuchte, von dem Kurfürsten aber die Entgegnung erhielt, er könne nicht verbergen, dass es ihn höchlich wundere, wie sich Herzog Wilhelm eines solchen unfreundlichen Suchens ferner unterstehe, da er hiezu weder Grund noch Fug habe.

Wozu noch weitere Unterhandlung nothwendig oder nützlich sei, könne Friedrich bei der offenkundigen Lage der Verhältnisse nicht verstehen, und Philipp habe nicht wohl Anderes oder Besseres vorzunehmen, als den Herzog von seiner vorgefassten unnöthigen Unruhe ab- und dahin anzuweisen, dem pfalzgräflichen Hause die von Gott verliehene Kur, Würde und Lande mit freundlichem Gemüthe zu gönnen, wie männiglich thut, und Wilhelm selber schuldig ist zu thun.

Wüsste Philipp auf diesen Bescheid bei dem Herzoge Wilhelm ferner noch etwas Gutes auszurichten, so wolle Friedrich, wenn ihm der gebürende Titel gegeben würde, zu Erhaltung fernerer Freundschaft, eine unverbindliche Verhandlung gestatten, im Falle aber die Sache noch länger für irrig gehalten werden wolle, müsse er sich an den Kaiser und die Kurfürsten wenden.

Der Landgraf übersendete diese Antwort Friedrichs in Abschrift an den Herzog Wilhelm mit der Bitte um Anzeige ob und auf welche Weise er weiter hierin handeln solle (Spangenberg 31. Mai 1546). Ehe dieser Brief an den Herzog gelangte, hatte letzterer unterm 19. Mai dem Landgrafen gemeldet, der Kaiser habe zu Regensburg gegen seine Räthe geäussert, er wolle in der zwischen ihm und dem Pfalzgrafen Friedrich schwebenden Irrung gütliche Handlung vornehmen lassen. Wilhelm bat daher den Landgrafen die Sache zu fördern, dass er ihn binnen Monatsfrist verständige: ob und worauf Friedrich Handlung leiden möge.

Der Landgraf versprach nochmal den Pfalzgrafen deshalb zu belangen, äusserte aber zugleich gegen den Herzog (Spangenberg 2. Juni 1546) es dünke ihm: jetzt sei nicht Zeit, dass man in so sorglichen Läufen gegen einander Sachen vornehme und suche, die eine gute Weile in Ruhe gestanden; viel nützlicher dürfte es sein, allenthalben dahin zu trachten, dass Einigkeit und Freundschaft erhalten werden, was dem Herzoge und seinen Nachkommen viel mehr zu Ehren und Nutzen, als dieses Unternehmen gereichen möchte.

An dem nämlichen Tage, als Landgraf Philipp dem Herzoge diese Antwort ertheilte, hatte der Kaiser, welcher damals gegen die Fürsten des schmalkaldischen Bundes rüstete, mit Herzog Wilhelm, um sich dessen Beistandes zu versichern, einen Vertrag abgeschlossen, worin er demselben die wichtige Zusicherung ertheilte, dass er ihn, wenn die Pfalzgrafen nicht zur katholischen Religion und zu der dem Kaiser und und Reiche gebührenden Gehorsam und Treue zurückkehren, und ohne Krieg und Waffen nicht dazu gebracht werden könnten, auch sich einem Concile nicht unterwerfen wollten, sofort und ohne weitere Rechtsentscheidung mit der Kurwürde belehnen werde. Würden aber die Pfalzgrafen freiwillig in sich gehen, zur alten Religion und gebührenden Gehorsam und Treue zurückkehren, werde nichtsdestoweniger der Kaiser in der Irrung, die jetzt zwischen Pfalzgrafen Friedrich und Herzog Wilhelm über die Kurwürde obwaltet, nach Vernehmung beider Theile und deren Rechte endgültigen Ausspruch thun.

Kurfürst Friedrich fügte sich jedoch in des Kaisers Foderungen, söhnte sich noch rechtzeitig mit demselben aus, und wendete damit den Verlust der Kurwürde von seinem Hause ab.

XXIII.

Diese drohende Gefahr machte auf die jüngere Linie des pfälzischen Hauses einen so mächtigen Eindruck, dass sie sich veranlasst fand, obgleich ihr durch den Heidelberger Vertrag die Anwartschaft gesichert war, aus Furcht vor den bayrischen Umtrieben, die dagegen gerichtete Dissiboder Verabredung zum Vollzuge zu bringen.

Da Ruprecht von Zweibrücken inzwischen gestorben war, traten Pfalzgraf Johann II. von Sponheim (Simmern) und der seitdem mündig gewordene Pfalzgraf Wolfgang von Veldenz (Zweibrücken) am 20. November 1546 zu Simmern zusammen, und errichteten da für sich und Pfalzgraf Georg Johann, Ruprechts von Veldenz (Zweibrücken) Sohn einen neuen Vertrag, in welcher die Bestimmungen des Dissiboder Abkommens lediglich wiederholt und bestättigt wurden [1].

Aber auch Kurfürst Friedrich suchte die pfälzischen Rechte gegen Bayern zu wahren, und verlangte, um des ihm bis zum Ueberdrusse lästig gewordenen Drängens entledigt zu werden, bei dem Kaiser wiederholt die Ansetzung eines Verhörtages.

Endlich auf dem Reichstage zu Augsburg im Jahre 1548 gelang es ihm, dass der Kaiser dem Könige Ferdinand und den Kurfürsten den Auftrag zur Prüfung der pfälzischen Rechte an der Kur gab, und hiezu den 20. Februar bestimmte.

Da die Pfalzgrafen von Simmern und Zweibrüken für ihr Interesse gegen Bayern zu protestiren beabsichtigten, foderte Friedrich auch seinen Bruder Wolfgang auf, für seine Person dasselbe zu thun.

Die pfälzische Beweisschrift war hauptsächlich gegen die von Bayern aufgestellte Behauptung seiner Ansprüche auf Grund des Nürnberger Erbvertrags von 1524 gerichtet, und mit den nötbigen Original-Urkunden belegt.

Herzog Wilhelm wiederholte in seinem Gegenberichte vom 22. März die schon in der Vollmacht für seine Gesandten an den Kaiser vom

---

[1] Acta acad. Pal. T. IV 211 No. V.

17. April 1544 enthaltene Behauptung, dass die goldne Bulle die Rechte der Herzoge von Bayern gar nicht habe aufheben können, und stellte sogar in Zweifel, ob es in Karls Gewalt gestanden, ohne des Pabsts Bewilligung und Vorwissen in Sachen die Kur betreffend, neue Verordnungen zu erlassen.

Es kam jedoch zu keinen Entschied, und die Ausführungen wurden einfach zu den Reichsacten gelegt.

XXIV.

Herzog Albrecht V., welcher am 6. März 1550 zur Regierung gelangt war, und am 20. September desselben Jahres auf dem Reichstage zu Augsburg von dem Kaiser die Belehnung erhalten hatte, sah es als eine von seinem Vater ererbte Pflicht an, die Bewerbung um die Kur fortzusetzen, und gebrauchte hiezu den schon früher darin verwendeten Dr. Georg Stockhammer, welcher den König Ferdinand zu einer Unterstützung seines Gesuches bei dem Kaiser zu veranlassen beauftragt wurde, und wenigstens das erlangen sollte, dass der Herzog für den Fall des Ablebens Kurfürst Friedrichs mit der Kur belehnt werde. Der Bescheid fiel aber sehr unbefriedigend aus. Der König äusserte: er habe bei dem Kaiser soviel abgenommen, dass er den Herzog zur Kur nicht befugt erachte, auch gebe der Regensburger Vertrag vom 2. Juni 1546 ihm kein Anrecht darauf, zudem stünden seinem Gesuche der sämmtlichen Pfalzgrafen Protestationen und die Verwendungen der übrigen Kurfürsten entgegen.

Stockhammer hielt es deshalb für das erspriesslichste, dass der Herzog mit dem Kurfürsten die Verhandlungen wieder anknüpfen solle. Aber auf eine deshalb an den Pfalzgrafen Ott Heinrich gestellte Zumuthung, den Kurfürsten Friedrich zu einer Tagsatzung zu veranlassen, kam die Rückantwort: der Kurfürst finde unnöthig einer Sache wegen, zu der er ohnehin befugt, einen Tag zu besuchen.

XXV.

Dagegen hielt es Friedrich für gerathen, da in Folge der eingetretenen politischen Verhältnisse unterblieben war, des Kaisers Bestättigung, die Mitbelehnung für die Agnaten, die Willebriefe der Kurfürsten zu erholen, und da auch Pfalzgraf Philipp seitdem verstorben war († 4. Juli 1548) im März des Jahres 1551 sämmtlich damals lebende Pfalzgrafen zu sich nach Heidelberg zu neuer Vereinbarung einzuladen, woselbst er, sein Bruder Wolfgang, Statthalter, und ihr Neffe Ott Heinrich von Neuburg, dann Johan II. von Sponheim und dessen Söhne Friedrich und Georg, sowie Wolfgang von Veldenz mit seinem Pflegsohne Georg Johann am 18. März den frühern Vertrag zu Erhaltung der Kurwürde und der damit verbundenen Rechte bei dem Hause der Pfalzgrafen erneuten, mit der ausdrücklichen Bestimmung, dass die kurfürstliche Würde und die Lande der Pfalzgrafschaft vermöge der goldnen Bulle, und kaiserlicher und kurfürstlicher Dekrete unzertheilt beisammen bleiben, und stets auf die nächstgeblüten Erben fallen sollen[1]).

In einem Tags darauf ausgestellten Beibriefe wurde versichert, dass im Falle der Erledigung den Pfalzgrafen Ott Heinrich und Wolfgang die Bestimmungen des Vertrags vom 10. Juni 1524, wonach Ott Heinrich zur Kur gelangen und dann Wolfgangs Jahrgeld auf 6000 fl. erhöhen müsse, aufrecht erhalten werden sollen[2]).

Da bei dieser Gelegenheit der Kurfürst Friedrich durch Johanns von Sponheim-Simmern ältesten Sohn Friedrich den Inhalt der Separatverträge von 1541 und 1546 kennen gelernt und sogleich ersehen hatte dass sie der goldnen Bulle und andern Verordnungen zuwider laufen, veranlasste er am nämlichen Tage (19. März) die beiden Theilnehmer Johan und Wolfgang, dass sie ihm bei ihren fürstlichen Würden die Aufhebung dieser Verträge versprachen und ihn zugleich ermächtigten, sie zu einem freundlichen Uebereinkommen, oder wenn dieses nicht gelänge, durch gütlichen Entscheid dahin zu verständigen, wie sie es nach Absterben der gegenwärtigen kurfürstlichen Linie im Einklange mit der goldnen Bulle und den Reichssatzungen zu Verhütung gegenseitigen Unwillens mit der Erbschaft halten sollen.

Der Schiedspruch solle binnen eines halben Jahres oder längstens in Jahresfrist erfolgen, und den Betheiligten eröffnet werden. Im Falle Friedrich aber vor der Zeit stürbe, von seinem Bruder Heinrich Bischof von

---

1) Tolner C. D. Pal. S. 168 No. 223 Zusammentragung II 279 No. 66.
2) Gründliche Deduktion, Beil. S. 104 No. XXXVII.

Worms im Vereine mit Ott Heinrich und Wolfgang dem ältern gefällt und vollführt werden.

Die beiden Pfalzgrafen Johann von Sponheim (Simmern) und Wolfgang von Veldenz (Zweibrücken) verpflichteten sich, die von ihnen geschlossenen Verträge binnen Monatsfrist dem Kurfürsten auszuhändigen, der selbe nach geschehenem Entschiede in Beisein der Pfalzgrafen zu vernichten hat[1]).

XXVI.

Herzog Albrecht war trotz des von Kurfürst Friedrich erhaltenen abschlägigen Bescheides nicht gesonnen, von seinen Ansprüchen abzustehen, und ersah sich diesem Behufe den Herzog Christoph von Würtemberg, welcher sich in einem Schreiben an Dr. Stockhamer hatte vernehmen lassen, dass er die Irrung mit dem Kurfürsten nicht gerne sähe, und dazu helfen wolle, die gestörte Freundschaft wieder herzustellen, zum Vermittler.

Christoph lehnte es zwar anfänglich ab, selber den unmittelbaren Unterhändler zu machen, und schlug hiezu den Erzbischof Ernst von Salzburg vor; aber nach wiederholtem Ansuchen Albrechts V., liess er sich herbei, und brachte es bei dem Kurfürst Friedrich dahin, dass dieser seine Räthe auf 12. August 1551 zu Herzog Christoph zu schicken versprach.

Hievon durch Herzog Christoph verständigt, ernannte Herzog Albrecht seine Räthe Dr. Stockhammer und Eustach von Lichtenstein zu seinen Bevollmächtigten. Vermöge der denselben ertheilten Instruction (v. 4. Aug. 1551) sollten diese den Herzog Christoph um die Kundgebung seiner Absicht, wie er zu verhandeln gedenke, ersuchen, und wenn er darauf nicht eingehen wolle, ihn veranlassen, folgende Vorschläge, jedoch als ob sie von ihm selber ausgingen, zu machen, nemlich: dass kraft der Theilbriefe die Kur bei erster Erledigung an Herzog Albrecht falle, und nachmals in den Wechsel komme; im Falle, dass dieses nicht zu erhalten wäre: dass nach Friedrichs Abgang noch ein Prinz aus dem pfälzischen Hause, der älteste, die Kur inne habe, und diese erst dann

---

1) Dachmann Betrachtungen S. 38 Note 5.

auf Albrecht oder den ältesten der bayrischen Linie falle, und so die Kur jedesmal bei dem Aeltesten der beiden Linien umwechsle.

Würde keiner dieser Vorschläge angenommen, soll doch, um das Misstrauen abzustellen, die Erbeinigung erneut werden, Friedrich lebenslänglich bei der Kur bleiben, von Albrecht den gebührlichen Titel erhalten, gegen Revers jedoch, dass dieses dem Letztern an seiner Gerechtigkeit unvorgreiflich, und den alten Erbeinigungen unschädlich sei.

Würde Friedrich diesen Revers zu geben sich weigern, sollten die Räthe dahin trachten, dass bei Erneuung der Erbeinigung vom J. 1524 der bayrischen Rechte bezüglich der Kur Meldung geschehe, womit Albrecht zur Zeit zufrieden sein wolle. Wäre auch dieses nicht zu erlangen, sollten die Räthe sich weiter nicht einlassen.

Die Verhandlungen fanden zu Stuttgardt statt, blieben aber wegen beiderseits mangelhafter Informationen ohne Erfolg, weshalb Herzog Christoph einen neuen unverbindlichen Tag beantragte (14. Aug. 1551) und nach dessen Genehmigung denselben auf 21. November nach Tübingen ansetzte.

Diessmal waren von Bayern der Landschafts-Kanzler Dr. Wiguleus Hundt und der Kammerrath Eustach von Lichtenstein gesendet.

Die ihnen mitgegebene Instruction war nur darauf gerichtet, dass sie den Bericht der pfälzischen Räthe vernehmen, die vorzulegenden Urkunden, namentlich jene über die von den pfälzischen Räthen behauptete Cassation des Vertrags von Pavia einsehen, und wo möglich Abschriften davon zu erlangen suchen, darüber Berichterstattung vorbehalten, dabei aber zugleich anzeigen sollen, dass es damit auf keine Verzögerung abgesehen sei, weshalb sie gleich auf einen Termin anzutragen haben, binnen welchem Herzog Albrecht dem Pfalzgrafen Friedrich oder dem Herzoge Christoph seine Gesinnung zu offenbaren habe, so dass, wenn dieser Missverstand beigelegt, durch Herzog Christoph in Erwägung gezogen werden könne, was weiter zu Pflanzung neuer und beständiger Freundschaft auf vorige Einung oder auf andere Weise, und was sonst dem gemeinsamen Hause Pfalz und Bayern zum Aufnehmen gereichen möge, vorgenommen werden solle.

Von Erneuung des Nürnbergischen Vertrags könne jetzt aber nicht wohl gesprochen werden, da gegenwärtig allein mit Pfalzgraf Friedrichs

Person verhandelt werde, sondern nur insoferne, wie es am ehesten und füglichsten auch mit den andern Pfalzgrafen, entweder durch Zusammenschickung der Räthe oder persönliche Zusammenkunft der Fürsten geschehen könne.

Fände dieses Herzog Christoph nicht rathsam, sollen die Räthe mit der Post berichten, wie sie der Pfälzischen Instruction befunden. Albrecht werde alsbald sein Gemüth zu erkennen geben, doch möchte er solches zu Verhütung eines Abschieds viel lieber umgehen, denn es sei zu besorgen, die Pfälzischen würden sich bei einem solchen Abschied in Betreff von Albrechts Anerbieten, Pfalzgraf Friedrich für seine Person für einen Kurfürsten zu erkennen, nicht ersättigen lassen, sondern darauf dringen, dass Herzog Albrecht von seinem Anspruche, Recht und Gerechtigkeit wegen der Kur gegen alle Pfalzgrafen abstehen solle, was Albrecht zur Zeit nicht gemeint, auch nicht wohl thunlich ist, da der Streit bisher nur zwischen Albrecht und Friedrich, nicht mit den andern ist.

Im Falle die Räthe die Cassations-Urkunde des Pavischen Vertrags und die andern Urkunden im Originale nicht sähen, und darin Mangel wäre, sollen sie dieses dem Herzog Christoph anzeigen, und sich in einige Verhandlung oder Erbieten nicht einlassen, sondern einfach Bericht erstatten.

Die pfälzischen Räthe waren mit ganzer Vollmacht abzuschliessen erschienen, und hatten solches auch von den bayrischen erwartet, wie dieses Dr. Stockhamer früher zugesagt hatte. Erst nach lang gepflogenen Unterhandlungen liessen sie sich herbei, den von Kurpfalz schon auf dem Reichstage zu Augsburg (1548) dem Kaiser, Könige und den Kurfürsten überantworteten Bericht sammt allen darin angezogenen Urkunden im Original vorzulegen, welche alle verlesen und von den bayrischen Räthen als echt anerkannt wurden (am 23. und 24. November). Ausserdem erboten sich die pfälzischen Räthe die neuesten Urkunden über die Kur und das Vicariat vorzulegen, was die bayrischen ebenfalls annahmen, und somit zur Kenntniss aller pfälzischen Beweismittel gelangten, von denen sie den summarischen und substanziellen Inhalt samt derselben Eingänge und Daten abcopiren konnten. Ausserdem erhielten sie von Herzog Christoph einen vollständigen Auszug der pfälzischen Urkunden, welchen die Räthe sogleich an Herzog Albrecht überschickten und hinsichtlich des übergebenen Berichtes soviel bemerkten, dass der-

selbe vormals zur Ablehnung des Pavischen Vertrags und die aus der
Nürnbergischen Einigung abgeleiteten Ansprüche gerichtet sei.

Ihrem Erbieten nach legten die pfälzischen Räthe noch 13 andere
Bestättigungsurkunden über die Pfalz und Kur am Rhein, die Privilegien
über den Reichsapfel, Briefe über das Vicariat, und namentlich auch
solche vor, worin die Pfalzgrafen von den Herzogen von Bayern als
Kurfürsten anerkannt wurden, so dass die bayrischen Räthe dem Herzoge
in ihrem Berichte (vom 24. November) unumwunden gestanden, obwohl
in allen vorgelegten Urkunden eine ausdrückliche Cassation des Vertrags
von Pavia nicht vorkomme, so gehe doch aus denselben hervor, dass des
Herzogs Ansprüche nicht begründet seien, wie er dieses aus der Lesung
der Urkunden selber entnehmen werde, denn nicht nur kein Buchstabe
stehe entgegen, es seien auch Herzog Rudolfs Nachkommen 200 Jahre
hindurch Kurfürsten gewesen, deren Zehn nach einander neue römische
Könige erwählt hätten.

Die Gesandten riethen daher dem Herzoge, er möge suchen mit
dem besten Glimpf aus diesem Streite zu kommen, und gute Freundschaft
und Nachbarlichkeit sähen sie am nützlichsten und räthlichsten an, zumal
sie vernommen hätten, wo diese Handlung in der Güte und mit Freundschaft nicht hingelegt würde, dass Pfalz sein gebührliches Recht gegen
Bayern suchen, und die Sache keineswegs länger unentschieden anstehen
lassen werde, was der Herzog dabei zu gewinnen habe, werde er bei
seinen trefflichen Räthen wohl erkennen mögen.

Da Herzog Christoph sowohl als die pfälzischen Gesandten den
Antrag stellten, mittler Weile, bis Herzogs Albrecht Antwort einträfe,
vorläufig eine neue Einigung zu verabreden, die bayrischen Gesandten
aber hiezu keinen Auftrag hatten, baten sie zugleich um Ermächtigung
hiezu, wenigstens auf Berichterstattung.

Die Räthe hatten mit ihrem Gutachten dem Herzoge Albrecht auch
die Auszüge der pfälzischen Urkunden überschickt, worauf dieser ihnen
erwiderte (26. November), obgleich er darin die ausdrückliche Cassation
des pavischen Vertrags nicht gefunden, so wolle er doch in Bedenkung
der schweren Läufe, und da er ohnehin mit dem Pfalzgrafen selber nicht
in Irrung stehe, und aus Rücksicht auf Herzog Christophs freundliche
Bemühung den Pfalzgrafen Friedrich für dessen Person als Kurfürsten

anerkennen, der Kur aber, im Anbetrachte, dass die Herzoge von Bayern von vielen Kaisern, er selber sogar von dem jetzigen Kaiser damit belehnt seien, sich keineswegs verzeihen. Damit ein besonderer Abschied über diese Verwilligung nicht aufgerichtet zu werden brauche, sei er erbötig, dem Pfalzgrafen alsbald nach der Räthe Heimkunft mit dem gebührenden Titel zu schreiben, was auch, wenn auf einen Abschied gedrungen würde, wohl in demselben angebracht werden mag Gegen das etwaige Verlangen der Pfälzischen, dass er insgemein gegen alle Pfalzgrafen in Zukunft von dieser Anforderung ausdrücklich abstehen solle, haben die Gesandten bei dem Herzoge Christoph sich zu beschweren, jedoch ihrer Instruction gemäss, anzuzeigen, dass Albrecht sich gegen jenen Pfalzgrafen, der nach Friedrich zur Kur komme, wohl zu halten wissen werde.

Im Betreffe der von Herzog Christoph angeregten neuen Erbeinigung sollen die Räthe dessen Mittel und Wege anhören, und darüber Bericht erstatten; Albrecht könne aber nicht glauben, dass von den Gesandten, die allein wegen Pfalzgraf Friedrichs auf dem Tage erschienen, etwas fruchtbares gehandelt werden könne, und höchstens auf weitere Erwägung gestellt werden müsste; bei einer Einung mit Friedrich allein müsste auch auf den Kaiser Bedacht genommen werden.

Die pfälzischen Räthe waren mit dieser am 28. November in Tübingen eingetroffenen Resolution des Herzogs gar nicht zufrieden, und drangen darauf, dass dieser nicht nur gegen den jetzigen Kurfürsten, sondern gegen alle Pfalzgrafen auf alle seine Ansprüche wegen der Kur verzichten müsse, und blieben so fest auf ihrem Verlangen, dass die bayrischen Räthe, um die Sache nicht ganz abzuschneiden, einwilligten, diese Forderung an ihren Herren zu bringen.

Unterm 1. Dezember vereinbarte man sich über folgenden Abschied, dass beide Theile, da wegen Mangel genüglicher Gewalt nichts endliches abgehandelt worden, nach ihrer Heimkunft ihren Herren Bericht erstatten, worauf diese entweder durch persönliche Zusammenkunft oder Schickung von Räthen mit vollkommer Gewalt über die bisherige Verhandlung fernerer Erbeinigung endlich beschliessen sollen, und dem Herzoge Christoph deshalb inner Monatsfrist behufs der Anberaumung eines Tages zugeschrieben werde.

Auf den von den Gesandten nach ihrer Heimkunft mündlich erstatteten Bericht, gab Albrecht der pfälzischen Foderung nach, und erklärte in einem Schreiben vom 10. Dezember an Herzog Christoph unter Verdankung für dessen Bemühung, dass er den erhobenen Streit nicht allein gegen den jetzigen Kurfürst, sondern auch gegen alle andern Pfalzgrafen dieser Linie, so künftig zu der Kur vermög der goldnen Bulle kommen, und von dem Kaiser damit belehnt werden, fallen lasse, vorbehaltlich seiner Rechte und Gerechtigkeiten zur Kur.

Herzog Christoph möge dieses dem Kurfürsten gelegentlich zuschreiben; wolle diesem über Erneuung vorig aufgerichteter Einigung ferner zu handeln gelegen sein, ist es ihm — Albrecht — nicht zuwieder durch persönliche Zusammenkunft oder Schikung von Räthen einen Tag vornehmen zu lassen.

Diese Antwort liess Herzog Christoph durch seinen Marschall den Kurfürsten überbringen, welcher sich in seinem Rückschreiben (dd. Heidelberg 23. Dezember 1551) erbot, dem Herzoge Albrecht gegenüber an nichts ermangeln zu lassen, was zu weiterer Erhaltung beständiger Freundschaft dienen mag, und es sogar als nothwendig bezeichnete, die vorige Einigung zu erneuen, damit alle vorgefallenen Zweifel und Missverständnisse abgeschnitten werden.

Deshalb solle vorläufig mit Zusammenschickung begonnen werden, bis zu besserer Jahreszeit die Fürsten persönlich zusammentreten.

Zu völliger Ausgleichung schickte hierauf Herzog Albrecht den Kammer-Rath Eustach von Lichtenstein an den Kurfürsten, um durch denselben seine dem Herzoge Christoph schriftlich gegebene Erklärung mündlich wiederholen zu lassen, welches Erbieten der Kurfürst mit einem freundlichen Schreiben (vom 18. Januar 1552) beantwortete.

Die angeregte Erneuung einer Erbeinigung wurde stillschweigend übergangen.

XXVII.

Nach Beseitigung der Ansprüche Bayerns auf die Kur, und da es nur mehr galt, den Entschied zwischen den Agnaten zum Abschluss zu bringen, berief Kurfürst Friedrich im Jahre 1553, um bei seinen hocherlebten Tagen noch vor seinem Tode die Nachfolge in der Kur völlig geregelt zu wissen und Uneinigkeiten darüber im pfälzischen Hause zu verhüten, im Vereine mit seinem Bruder Wolfgang und Neffen Ott Heinrich sämmtliche sponheimische und veldenzische Agnaten, nämlich aus der simmer'schen Linie, Johann und dessen Söhne Friedrich, Georg und Reichard, dann aus der zweibrückischen: Wolfgang von Zweibrücken, und des Georg Johann von Veldenz Untervormünder nach Heidelberg.

Hier vereinbarten sich am 2. November[1]) sämmtliche Fürsten, dass auf den Fall des gänzlichen Absterbens der gegenwärtigen Kurlinie, die Kurwürde sammt dem Erztruchsessenamte sowie die Pfalzgrafschaft am Rhein und in Bayern an Johann von Sponheim (Simmern) oder wenn er den Anfall nicht erleben würde, auf seinen ältesten weltlichen Sohn gelangen, und bei seinem Mannsstamme bis zu dessen Aussterben bleiben solle.

Die Vettern Wolfgang und Georg Johann von Veldenz dagegen sollen wenn sie auch zur Zeit des Anfalles in gleichem oder weitern Grade stünden, dem Pfalzgrafen Johann und dessen Söhne keine Hindernisse bereiten, dafür aber mit gewissen Aemtern und Stücken, bis zu einem jährlichen Ertrage von 12,000 Gulden freien Einkommens entschädigt werden und ausserdem eine jährliche Pension von 1000 Gulden (mit 20,000 Gulden Hauptgutes ablöslich) aus der kurfürstlichen Rentkammer erhalten.

Würde Johann von Sponheim (Simmern) sammt seinen weltlichen Söhnen vor Abgang der jetzigen kurfürstlichen Linie sterben, und einer seiner Enkel mit Pfalzgraf Wolfgang und dessen Pflegesohn dieses Aussterben erleben, solle die Succession und Erbschaft der Kur und der Fürstenthümer am Rhein und in Bayern, der damit verbundenen Würden und Zugehörungen nach Ausweisung der goldnen Bulle, auch kaiserlicher, königlicher und kurfürstlicher Decrete und Satzungen vererbt, und im Falle entstehender Irrungen die Entscheidung dem Kaiser und den Kurfürsten anheim gegeben, inzwischen aber die Lande von den Ständen verwaltet werden[2]).

---

1) Tolner Cod. Dip. S. 170, No. 224.
2) Die Sorgfalt Kurfürst Friedrichs hatte ausserdem nicht unterlassen, auch die Willebriefe der Kurfürsten zu erwirken, nämlich von dem Erzbischof Johann von Trier am 9. Juni 1551,

Durch Friedrichs Ableben (26. Febr. 1556) trat Otto Heinrich von Neuburg die Erbfolge in der Kur und Pfalzgrafschaft an, und sicherte dieselbe am 30. Juny 1557 den Söhnen des kurz vorher verstorbenen Johann von Sponheim (Simmern): Friedrich, Georg und Reichard, und dem Pfalzgrafen Wolfgang von Veldenz (Zweibrücken) durch Erneuung und Bestättigung der Verträge zu¹), nachdem er früher (13. November 1553) das Fürstenthum Neuburg auf seinen Todfall dem letztgenannten Wolfgang vermacht hatte²).

Demgemäss gingen, als Ott Heinrich am 12. Februar 1559 die alte Kurlinie beschloss, die Kurwürde und die kurpfälzischen Lande auf die simmersche Linie über, aus welcher obiger Friedrich (als Kurfürst der dritte dieses Namens) am 28. Juni 1559 zu Augsburg von dem Kaiser Ferdinand I. belehnt wurde.

In Friedrichs Nachkommen vererbte sich die Kur auf dessen Sohn Ludwig VI. († 12. Oktober 1583) Enkel Friedrich IV. († 9. September 1610) und Urenkel Friedrich V., welcher 1621 geächtet, die Kur verlor, womit dann vorbehaltlich der Rechte von Friedrichs V. Kindern, seines Bruders Pfalzgraf Ludwig Philipps von Simmern, des Pfalzgrafen Wolfgang Wilhelms von Neuburg und der übrigen Agnaten am 25. Februar 1623 Herzog Maximilian I. von Bayern belehnt wurde³).

Nach langen fruchtlosen Versuchen wurde durch den im Jahre 1648 abgeschlossenen münsterischen Frieden endlich Friedrichs V. († 19. Nov. 1632) Sohn Karl Ludwig restituirt.

Damals wurde bestimmt: die Kurwürde, welche die Pfalzgrafen vorher gehabt, bleibt mit allen dazu gehörigen Regalien und Rechten dem Kurfürsten Maximilian I., dessen Kindern und der ganzen wilhelminischen Linie; für das Haus Pfalz wurde eine neue achte Kurwürde

---

von den Markgrafen Joachim von Brandenburg am 1. August 1551; vom Erzbischofe Sebastian von Mainz am 3. April 1553, von dem Erzbischofe Adolf von Cöln am 9. Mai 1553, von dem Kurfürst Moriz von Sachsen am 12. Mai 1553, deren Inhalt namentlich dahin geht, dass sie ausser der pfalzgräflichen Linie Niemanden zur pfälzischen Kur aufnehmen und zulassen wollen. Sämmtliche Willebriefe sind in der Gründlichen Deduction Beil. No. XXII abgedruckt.

1) Gründliche Deduktion Beil. S. 114 No. XXXIX.
2) Status causae I Beil. S. 64.
3) Zusammentragung II S. 300.

geschaffen, welche Karl Ludwig, dessen Erben und Agnaten der ganzen rudolfinischen Linie, nach der in der goldnen Bulle vorgeschriebenen Erbfolgeordnung inne haben sollen, jedoch ohne einen Anspruch, ausser der Simultan-Investitur, auf die mit der bayrischen Kurwürde verbundenen Rechte. Im Falle des Absterbens der wilhelminischen Linie im Mannsstamme, kehrt die von dieser besessenen Kurwürde auf die überlebende pfälzische Linie zurück, und die achte Kurwürde hat alsdann wieder aufzuhören.

Mit Karl Ludwigs Sohne Karl, welcher seinem Vater am 28. August 1680 nachgefolgt war, erlosch am 16. Mai 1685 die simmersche Linie. Die damit erledigte achte Kur vererbte nun auf die von Wolfgangs von Zweibrücken erstgebornem Sohne Philipp Ludwig ausgegangene neuburgische Linie.

Wolfgang selber hatte durch Kaiser Maximilian II. auf dem Reichstage zu Augsburg im Jahre 1566 am 29. April die Mitbelehnung an der Kur erhalten, indem ihm der Kaiser damals beurkundete, dass er und seine Linie mit Kurfürst Friedrich und dessen Linie in gesammter Lehenschaft sitzen solle[1]).

Nach Wolfgangs Tode (' 11. Juni 1569) hatte K. Maximilian II. zu Prag am 7. April 1570 dessen älterem Sohne Philipp Ludwig für sich selber und anstatt seiner Brüder Johann, Ott Heinrich, Friedrich, und Karl diese Kur-Anwartschaft erneut[2]), ebenso K. Mathias zu Wien am 16. Mai 1615 für für Philipp Ludwigs († 12. August 1614) Sohn Wolfgang Wilhelm[3]).

Dieses letztern Sohn Philipp Wilhelm trat nun (1685) die erledigte achte Kur an, in der ihm seine beiden Söhne nachfolgten, zuerst (2. September 1690) Johann Wilhelm, der, so lange Max Emanuel geächtet war, die alte pfälzische Kur zurückerhalten hatte (1708—1714), hierauf (8. Mai 1716) Karl Philipp, welcher am 31. Dezember 1742 die neuburgische Linie beschloss, und als Nachfolger in der Kur und den Kurlanden den Pfalzgrafen Karl Theodor aus der sulzbach'schen Linie erhielt.

---

1) Acta acad. Pal. IV S. 228 ff
2) Acta acad. Palat. IV S 227.
3) Acta acad. Pal. IV S. 226.